ORACIONES QUE ROMPEN CADENAS

CÓMO VENCER CADA FORTALEZA SATÁNICA

JOHN ECKHARDT

CASA
CREACIÓN

Para vivir la Palabra

Para vivir la Palabra

MANTÉNGANSE ALERTA;
PERMANEZCAN FIRMES EN LA FE;
SEAN VALIENTES Y FUERTES.
—1 Corintios 16:13 (NVI)

Oraciones que rompen cadenas por John Eckhardt
Publicado por Casa Creación
Miami, Florida
www.casacreacion.com
©2023 Derechos reservados

ISBN: 978-1-955682-87-9
E-book ISBN: 978-1-955682-88-6

Desarrollo editorial: *Grupo Nivel Uno, Inc.*
Adaptación de diseño interior y portada: *Grupo Nivel Uno, Inc.*

Publicado originalmente en inglés bajo el título:
Break Every Chain
Publicado por Charisma House
600 Rinehart Road, Lake Mary, Florida 32746
© 2021 by John Eckhardt
Todos los derechos reservados.

Visit the author's website at www.johneckhardt.global.

Nota de la editorial: Aunque el autor hizo todo lo posible por proveer teléfonos y páginas de internet correctos al momento de la publicación de este libro, ni la editorial ni el autor se responsabilizan por errores o cambios que puedan surgir luego de haberse publicado.

Impreso en Colombia

23 24 25 26 27 LBS 9 8 7 6 5 4 3 2 1

CONTENIDO

INTRODUCCIÓN

Así que, si el Hijo los libera, serán ustedes verdaderamente libres.
—JUAN 8:36

SER CRISTIANO IMPLICA mucho más que la simple idea de ir al cielo algún día. Jesús vino a librarnos del pecado, del poder del pecado y de su resultado, lo que incluye maldiciones y opresión demoniaca. Pero, lamentablemente, muchos creyentes viven muy por debajo de su herencia.

El enemigo ha venido a limitar, obstruir y detener la obra del Espíritu. Él quiere pararse frente a ti y hacerte pensar que nunca romperás las barreras que te han perturbado por años. Pero Dios está listo para abrirte algunas puertas. Está preparado para abrirlas, de par en par, para ti. En esta temporada Dios va a *romper las limitaciones.*

Este libro identifica los veinticinco demonios más comunes que he encontrado en mis casi cuarenta años de ministerio de liberación. Se trata de los espíritus que mantienen a la gente atrapada en el pecado habitual; agobiada por el miedo, la opresión y la ansiedad; con ciclos repetitivos de reincidencia; y luchando con sus relaciones. Eso tiene que ver con demonios que impiden que las personas progresen en la vida, asegurándose de que se enfrenten constantemente a contratiempos y dificultades. Esos espíritus son como barreras invisibles que nos impiden avanzar.

La buena noticia es que Jesús murió no solo para salvarnos del pecado sino también para librarnos de todo obstáculo demoníaco. En esta obra muestro cómo operan esos espíritus comunes, cómo se arraigan en tu vida y cómo puedes liberarte de ellos.

Jesús vino para que tengamos vida y la tengamos en abundancia. Murió para que pudiéramos ser redimidos, para que seamos libres de toda maldición y espíritu demoníaco que se levante contra nosotros. Vino para que camináramos en la bendición de Dios. Para que pudiéramos salir de una situación de atadura y maldición a otra de bendición. No importa cuál sea tu problema, Jesús quiere que vivas un estilo de vida íntegro, victorioso y triunfante. Él quiere liberarte.

El enemigo te ha tenido atado demasiado tiempo. Con la ayuda de Dios, puedes superar cada barrera que te ha perturbado. Es hora de romper cada una de esas cadenas para que experimentes la libertad y las bendiciones de Dios.

Capítulo 1

TU HERENCIA ES LA LIBERACIÓN

*El ladrón no viene más que a robar, matar y destruir; yo he venido
para que tengan vida, y la tengan en abundancia.*
—JUAN 10:10

L A MAYORÍA DE la gente piensa en la salvación como el hecho de ser salvo del pecado para poder ir al cielo. Aunque Jesús nos salvó del pecado y de su castigo, la salvación es mucho más que eso. También significa ser entregado, rescatado, protegido y puesto en libertad.

La palabra *liberación* a menudo se deriva de los términos griegos *sōzō* y *sōtēria*, que significan salvar, rescatar y liberar así como también ser rescatados de la amenaza, la destrucción y el peligro. La liberación es un ministerio que salva vidas. Te salva del tormento, la esclavitud, la destrucción, la muerte, la enfermedad, la tristeza, la depresión y mucho más. La Escritura dice que el ladrón viene para hurtar, matar y destruir (Juan 10:10). Los demonios destruirán la vida de la persona a menos que esta sea salvada o liberada del poder del espíritu inmundo.

Además de ser preservado del peligro o la destrucción, la liberación bíblica incluye ser restaurado a un estado de seguridad, solidez, salud y bienestar. Así que uno de los resultados de la liberación es que estás sano. Cuando eres rescatado del peligro, liberado de los malos espíritus, estás sano. Estás curado. Vuelves a una posición de seguridad, solidez, salud y bienestar. Esto es realmente de lo que se trata la Biblia: sanidad, liberación y salvación. No enseño sobre la liberación para que la gente se enamore de los demonios. La liberación es parte de su salvación. Es para ser rescatado, reparado y devuelto a un lugar de paz.

Es por eso que la liberación es un ministerio tan importante en el cuerpo de Cristo. Hay muchas personas que necesitan liberación de espíritus torturantes, los que hacen que sus vidas no sean sanas. Jesús vino para que tengamos vida y para que la tengamos en abundancia. Parte de tener una vida abundante es la liberación: ser rescatado y salvado de las cosas que te atormentan.

¿Necesitas liberación?

Todos nosotros necesitamos liberación de vez en cuando. No hay excepciones. A medida que crecemos en el Señor y en nuestro discernimiento, podemos comenzar a comprender cuándo necesitamos la victoria espiritual en ciertas áreas de nuestra vida. Muchas veces, como creyentes, podemos sentir obstáculos que nos impiden vivir plenamente en el Espíritu. La liberación es un proceso constante en la vida del creyente. Es un regalo que Dios nos da para evitar que seamos atormentados por el enemigo y vivamos en nuestros propios ciclos de esclavitud.

En su libro *Cerdos en la sala*, Frank e Ida Hammond nombran siete áreas de nuestra vida que muestran señales de que podemos necesitar liberación.

1. Problemas emocionales
2. Problemas mentales
3. Problemas del habla
4. Problemas sexuales
5. Adicciones
6. Enfermedades físicas
7. Error religioso

Cuando esos problemas comienzan a surgir en nuestras vidas, podemos sentirnos deprimidos, rechazados, separados de Dios o fracasados. Esto es lo que quiere el enemigo. Pero contamos con la ayuda del Espíritu Santo, que puede revelarnos las áreas en las que necesitamos ser liberados. También se nos instruye a usar nuestra autoridad contra el enemigo y expulsarlo, poniendo fin a su reinado en nuestras vidas. (Discutiremos nuestra autoridad como creyentes en el próximo capítulo).

Cómo obtienen acceso los demonios

Todos los demonios que están operando en tu vida tienen bases legales y bíblicas. No pueden atormentarte a su antojo. Y si tienen bases legales, entonces poseen el derecho de permanecer ahí. Es por eso que debemos ser conscientes de las puertas y avenidas comunes que usan los demonios para entrar en la vida de la persona.

La participación en el pecado, incluido el alcohol, las drogas, la inmoralidad sexual y el ocultismo, constituye una variedad de puertas de entrada para los espíritus demoníacos. Ciertos tipos de libros, literatura, música y películas también proporcionan vías para que entren los demonios; materiales de lectura ocultistas así como también videos y literatura pornográfica son algunos ejemplos.

Los padres que participan en el pecado abren la puerta para que los demonios ataquen a sus hijos, de modo que pueden entrar en los niños —aun en el útero— a través de maldiciones. (La salvación a una edad temprana destruirá gran parte de los planes del enemigo para la vida del niño). Los sucesos traumáticos como los accidentes y el abuso igualmente pueden ser puertas de entrada a la influencia demoníaca.

Las maldiciones también brindan bases legales para que los demonios entren a través de la línea sanguínea y operen en la familia. Y así mismo los lazos del alma impíos pueden ser puertas para la morada demoníaca.

La exposición del enemigo

Los demonios son buenos para esconderse y, si no se detectan, permanecen seguros en su lugar de residencia. Cuando comienzas a identificar la actividad de los espíritus diabólicos, es sorprendente la cantidad de demonios que puedes terminar expulsando.

Porque no tenemos lucha contra sangre y carne, sino contra principados, contra potestades, contra los gobernadores de las tinieblas de este siglo, contra huestes espirituales de maldad en las regiones celeste.

—Efesios 6:12 RVR1960

Observa que a los espíritus malignos se les llama "gobernadores de las tinieblas de este siglo". Esto significa que su autoridad depende de la cantidad de oscuridad presente. Cuanta más oscuridad espiritual e ignorancia existan, más podrán gobernar en esa área. Identificar demonios es destructivo para su reino porque trae luz a la situación. Identificarlos destruye su alcance en la oscuridad. Los saca de su escondite y los expone. He escuchado a algunos decir que no es necesario llamar a los demonios por sus nombres. "No hables del diablo". "Simplemente ignóralo y mantén tus ojos en Jesús". Eso suena bien, pero es exactamente lo que los demonios quieren que creas. He descubierto que las iglesias que no enseñan acerca de la liberación y los demonios o sobre los tipos de espíritus malignos, por lo general no echan fuera muchos demonios. Esto, insisto, permite que los demonios se oculten bajo el manto de la oscuridad porque no están siendo identificados ni reconocidos.

Y no participéis en las obras infructuosas de las tinieblas, sino más bien reprendedlas; porque vergonzoso es aun hablar de lo que ellos hacen en secreto. Mas todas las cosas, cuando son puestas en evidencia por la luz, son hechas manifiestas; porque la luz es lo que manifiesta todo.
—Efesios 5:11-13 RVR1960

Estos versículos explican lo que hacemos cuando identificamos espíritus malignos. Los reprendemos. La palabra griega para *reprender* significa *exponer*. Las cosas que son reprendidas (o expuestas) son puestas de manifiesto por la luz. Estamos haciendo que esos espíritus malignos que se esconden y gobiernan bajo el manto de la oscuridad sean expuestos y se manifiesten.

Los demonios creen que, si pueden ocultarse, evitarán ser destruidos. Se comportan como los cinco reyes del Libro de Josué que se oponían a Israel.

Los cinco reyes habían huido y se habían refugiado en una cueva en Maquedá. Tan pronto como Josué supo que

habían hallado a los cinco reyes en la cueva ... Josué man-
dó que destaparan la entrada de la cueva y que le trajeran
los cinco reyes amorreos ... Dicho esto, Josué mató a los
reyes, los colgó en cinco árboles, y allí los dejó hasta el
atardecer.

—JOSUÉ 10:16-17, 22, 26

Cuando Josué descubrió dónde se escondían esos reyes, los sacó
y los destruyó.

¡SALGAN!

Es asombroso ver cuántos ministros no usan esta palabra: ¡salgan!
(Ver Marcos 1:25; 5:8; 9:25). Necesitas usarla si estás ministrando
liberación. Jesús no dijo: "Por favor, váyanse". Él dijo: "Salgan".
No estamos *despidiendo* demonios, estamos *echándolos* fuera.
Esto puede parecer trivial, pero mucha gente piensa que los cristia-
nos pueden tener demonios encima pero no dentro de ellos.

Los creyentes son espíritu, alma y cuerpo. Los demonios pueden ocupar el alma (mente, voluntad y emociones) y el cuerpo físico de un creyente, pero no el espíritu del creyente. Jesús dijo: "Lo
que nace del cuerpo es cuerpo; lo que nace del Espíritu es espíritu"
(Juan 3:6). De estas palabras inferimos que tu espíritu humano es
la parte de ti que nace del Espíritu Santo. Pero ¿qué pasa con tu
alma y tu cuerpo?

Aunque los cristianos no tienen demonios en sus espíritus naci-
dos de nuevo y recreados, muchas veces pueden y tienen demonios
en sus almas o cuerpos físicos. Estas áreas del creyente están siendo santificadas y preservadas sin mancha (1 Tesalonicenses 5:23)
progresivamente. Recibir esta revelación es el primer paso para
obtener la liberación y ayudar a otros a ser libres.

No caigas en la mentira de que los cristianos no pueden tener
demonios. Eso es lo que el diablo quiere que creas. Si crees que no
necesitas ayuda, no la buscarás, aunque sepas por experiencia que
hay algo en ti que te impulsa y te controla.

Los demonios pueden y, a menudo, se esconden en lo que men-
ciono a continuación.

Las emociones

Los espíritus de dolor, rechazo, ira, odio, rabia, tristeza y sufrimiento pueden morar en las emociones. También hay espíritus que bloquean y atan esas emociones.

El cuerpo

Diferentes partes del cuerpo pueden ser lugares de residencia para ciertos tipos de espíritus. Por ejemplo, la terquedad y la rebeldía pueden alojarse en la zona del cuello y los hombros. Los espíritus de lujuria pueden morar en cualquier parte del cuerpo que haya sido entregada al pecado sexual.

El lenguaje

Los malos espíritus que se manifiestan a través de la lengua a menudo se esconden en el corazón, porque "de la abundancia del corazón habla la boca" (Mateo 12:34). Los espíritus que pueden ocultarse en el corazón incluyen la amargura, la lujuria, el orgullo, el miedo, el odio, la codicia y la incredulidad.

El apetito

Los espíritus de adicción a la comida, el alcohol y las drogas pueden estar en el apetito, haciendo que la persona tenga deseos compulsivos en esos aspectos. Los espíritus de adicción también pueden habitar en la boca (papilas gustativas), la garganta y el área del estómago.

El carácter sexual

Los espíritus de lujuria, perversión, adulterio y fornicación invadirán y tratarán de controlar el carácter sexual de la persona. Junto con el pecado sexual vienen la culpa, la vergüenza y la condenación.

LA LIBERACIÓN PRODUCE DESCANSO

Liberarte de los demonios te llevará al descanso. El descanso es paz (*shalom*) y prosperidad. *Paz* es una palabra incluyente que abarca prosperidad, seguridad, salud, protección, fecundidad y abundancia. Según la definición hebrea, podemos sustituir la palabra prosperidad por *shalom* (paz).

Si eres hijo de Dios, pero no sientes paz ni descanso y tu vida está rodeada de mucha lucha y confusión, algo anda mal. Necesitas ser consciente de lo que eres en Cristo, la autoridad que él te ha dado y el arsenal con el que te ha equipado para luchar y recuperar tu paz. La paz es tu derecho como hijo de Dios.

La religión nos ha condicionado a creer que la vida debe estar llena de problemas y que un día, poco a poco, iremos al cielo; entonces tendremos paz y descanso de todos nuestros enemigos. La paz y el descanso no son solo para el cielo sino también para el aquí y el ahora en la tierra. No vienen un día. Están aquí y son tuyos.

Puedes tener prosperidad, vivir en seguridad y no ser atormentado por los demonios. Puedes caminar en la bendición de Dios. Esa es la garantía de su pacto de paz. Pertenece a todos los santos. Todo lo que tenemos que hacer es ejercer nuestra autoridad.

Confiesa nunca más: ¡Satanás no controlará mi vida!

Nunca más seré esclavo de Satanás; ahora soy siervo de Cristo.

Nunca más permitiré que el diablo haga lo que quiera en mi vida. Resisto al diablo y él huye de mí (Santiago 4:7).

Nunca más escucharé ni creeré las mentiras del diablo, porque él es mentiroso y padre de mentira (Juan 8:44).

Nunca más seré atado porque Cristo me ha hecho libre. Soy verdaderamente libre (Juan 8:36).

Nunca más operarán los demonios en mi vida ni me controlarán.

Nunca más permitiré que las maldiciones perturben mi vida. Rompo todo anatema, porque he sido redimido de la maldición (Gálatas 3:13).

Nunca más me afectarán los espíritus de serpientes y escorpiones, porque tengo poder para pisar serpientes y escorpiones.

Nunca más toleraré las obras del diablo en mi vida, porque Jesús vino y destruyó las obras del diablo (1 Juan 3:8).

Nunca más seré maldecido y andaré en bendición, porque mía es la bendición de Abraham (Gálatas 3:13-14).

Nunca más daré lugar al diablo (Efesios 4:27).

Nunca más permitiré que el enemigo controle ninguna parte de mi vida, porque está bajo el control del Espíritu y la Palabra de Dios.

Nunca más permitiré que el enemigo aborte cualquier plan de Dios para mi vida.

Nunca más pensaré mal, porque el amor no piensa mal (1 Corintios 13:5).

Nunca más permitiré que el acusador me acuse, porque soy lavado y limpio en la sangre del Cordero (Apocalipsis 1:5; 7:14).

Recibo los milagros de liberación para mi vida (Daniel 6:27).

Capítulo 2

EJERCE TU AUTORIDAD

Sí, les he dado autoridad a ustedes para pisotear serpientes y escorpiones
y vencer todo el poder del enemigo; nada les podrá hacer daño.
—Lucas 10:19

U NO DE LOS principios más importantes de la guerra espiritual es que debes usar tu autoridad contra el enemigo. La palabra traducida como *"autoridad"* en Lucas 10:19 es el término griego *exousia*, que significa poder. Algunas personas dicen que el enemigo no puede lastimar a los creyentes porque se nos ha dado poder. Pero eso solo es cierto si hacemos uso del poder y la autoridad que se nos otorga. Si no ejerces tu autoridad, no puedes reclamar la segunda parte de ese versículo, que dice: "Nada les podrá hacer daño". Por tanto, debemos ejercer nuestra autoridad. Algunas de las formas en que lo hacemos son atando, desatando y usando nuestras voces para dar a conocer la Palabra de Dios a través de mandamientos y decretos.

ATAR Y DESATAR

Tienes autoridad para atar y desatar (Mateo 18:18). El diccionario define la palabra *atar* como "asegurar con lazos; confinar, refrenar o restringir como si se tratara de ataduras... constreñir con autoridad legal... ejercer un efecto coercitivo o restrictivo". También significa arrestar, aprisionar, esposar, llevar cautivo, hacerse cargo de, encerrar, controlar o poner fin a.

Atar se efectúa por autoridad legal. Tenemos autoridad legal en el nombre de Jesús para atar las obras de las tinieblas; esto abarca el pecado, la perversión, la enfermedad, la muerte, las maldiciones, la brujería, la pobreza, la carencia, la lujuria, el orgullo, la rebelión, el miedo, la contienda, la confusión y mucho más. Tenemos autoridad legal para poner fin a esas cosas en nuestras vidas y en las de aquellos a quienes ministramos.

Desatar significa soltar, liberar de ataduras, separar, apartar, divorciar, aislar, desamarrar, desligar, desbloquear, librar, desconectar y perdonar. Tenemos autoridad legal en el nombre de Jesús para liberarnos a nosotros mismos y a otros a quienes ministramos de esas influencias destructoras (Proverbios 6:5; Zacarías 2:7).

Hay poder en tu boca

Confesar la Palabra de Dios es parte importante de la vida espiritual de cada creyente. La salvación viene de confesar con la boca que Jesucristo es el Señor (Romanos 10:9-10). La boca está conectada con el corazón. Después que confiesas la Palabra de Dios con tu boca esta se planta en tu corazón. La fe también se libera con la boca. Esta solo puede liberar lo que está en el corazón. La fe en el corazón que se libera por la boca puede mover montañas (Mateo 17:20).

La Palabra de Dios es poderosa. Cuando la pronuncias, se convierte en "martillo que quebranta la roca" (Jeremías 23:29). Todo creyente que desee disfrutar de la libertad y la victoria debe dedicar tiempo a estudiar la Palabra de Dios y pedir revelación. Pedro recibió las llaves del reino después de obtener la revelación de que Jesús es el Cristo (Mateo 16:16-19). A medida que recibimos las revelaciones de la Palabra de Dios, también crecemos en cuanto a nuestra autoridad en el reino y para derrotar las artimañas del enemigo.

La Palabra está cerca de nosotros, está en nuestra boca y en nuestro corazón (Romanos 10:8). Esta es la Palabra de fe. Hablamos de la abundancia del corazón y Dios vela por su Palabra para cumplirla (Jeremías 1:12).

Dios es la fuente de todas nuestras victorias y triunfos. Él es la fuente de nuestra sabiduría y de nuestras estrategias. Su Palabra es la fuente de lo que entendemos con respecto a la guerra en la que estamos involucrados. La Palabra de Dios también es la clave para conocer su voluntad. Daniel pudo orar con eficacia porque conocía la palabra de Dios acerca de su pueblo (Daniel 9:2-3).

Estudiar la Palabra de Dios es la forma en que experimentamos la victoria de manera constante. Cuando conocemos su Palabra, podemos orar de acuerdo a su voluntad, confesar sus promesas con fe y experimentar la liberación, de modo que avancemos en cada batalla que enfrentamos. Es por eso que las oraciones al final de cada capítulo incluyen confesiones y declaraciones de la Palabra de Dios. Orar la Palabra de Dios trae la victoria y la vida abundante que experimentamos a través de la muerte de Jesús.

Autoliberación

La gente a menudo me pregunta: "¿Puede un individuo liberarse a sí mismo?". Mi respuesta es sí y también tengo la convicción de que una persona, en realidad, no puede mantenerse libre de demonios hasta que esté caminando en la dimensión de la liberación.

Según Frank e Ida Mae Hammond, "El seguidor de Cristo (lo cual también creemos) tiene la misma autoridad que el creyente que se mueve en el ministerio de liberación. ¡Tiene autoridad en *el nombre de Jesús*! El propio Señor prometió claramente a los que creyeran: 'En mi nombre echarán fuera demonios' (Marcos 16:17 RVR60). Por lo general, la persona solo necesita aprender cómo proceder con la autoliberación. Después de que haya experimentado una liberación inicial a manos de un ministro experto, el creyente puede comenzar a practicar la liberación propia".

La buena noticia es que se nos ha dado la promesa profética y el mandato de desatarnos nosotros mismos. Recuerda que Jesús les dijo a sus discípulos que "cualquier cosa" que desataran en la tierra queda desatada en el cielo (Mateo 18:18 RVR1960). La variedad de cosas que pueden atar al creyente es casi ilimitada. Hay muchas ataduras que podemos categorizar que deben ser expuestas y destruidas en la vida de todos los creyentes. Una vez que identificas al enemigo, puedes liberarte de sus garras.

Preparación para la liberación

Las personas, por lo general, están listas para ser libres; pero luego quieren pasar —inmediata y directamente— a atar, desatar y ordenar al enemigo en el nombre de Jesús que haga esto o aquello e ir aquí o allá. Sin embargo, no habrá liberación mientras el enemigo tenga pleno dominio en la vida de la persona. Así que si quieres ver una libertad real y duradera, una liberación y un avance en tu vida, debes renunciar y poner fin a las siguientes cosas: maldiciones, pecado, orgullo, pasividad, ataduras impías, ocultismo, miedo, vergüenza, incredulidad, falta de deseo, de perdón y de conocimiento.

Con cualquiera de estas doce cosas operando activamente en tu vida, estarás sometido a un ciclo de esclavitud, del que no podrás ser libre por completo. Todo eso otorga a los poderes demoníacos bases legales para causar estragos en tu vida. Por tanto, esos fundamentos legales deben ser destruidos para que recibas y mantengas la liberación.

La autoliberación tiene limitaciones. A veces no vemos claramente nuestras propias vidas como deberíamos. Las personas que están muy atribuladas necesitan buscar la ayuda de un ministro de liberación con experiencia. Otros, por lo general, pueden ser más objetivos al discernir el problema y también pueden unir su fe con la tuya para avanzar.

Si una persona tiene serias ataduras como perversión, esquizofrenia, participación en el ocultismo y una profunda depresión, es posible que necesite la ayuda de otros creyentes. La vergüenza a menudo evitará que una persona busque ayuda externa; aquellos que operan en rendición al Espíritu de Dios con respecto a su liberación no juzgarán y se moverán con amor y compasión.

No hay sustituto para estar en una iglesia fuerte que crea en el ministerio de liberación y ame a las personas incondicionalmente.

QUÉ ESPERAR AL RECIBIR LA LIBERACIÓN

Aunque muchas liberaciones implican manifestaciones físicas obvias como temblores, tos, vómitos o gritos, no todos reaccionan de la misma manera. Algunos espíritus se van en silencio y sin violencia. Puede que no tengas una fuerte reacción física cuando recibas la liberación; por lo tanto, no te decepciones si no la recibes de esa manera. Lo que debes esperar es libertad absoluta. Sabes que hay liberación cuando la fuerza opresora desaparece; cuando estás libre de opresión; cuando la inquietud se va; cuando hay una sensación interior de libertad, emancipación y satisfacción o contentamiento divino; y llega el gozo del Señor y puedes tener regocijo.

La liberación trae justicia, paz y gozo en el Espíritu Santo (Romanos 14:17). Cuando los demonios salen fuera, el reino de Dios se establece (Mateo 12:28).

Liberación progresiva

Algunos argumentan que la verdadera liberación no debería llevar mucho tiempo, afirman que debe ser rápida e instantánea. Deuteronomio 7:22 nos muestra el principio de la liberación progresiva: "Y Jehová tu Dios echará a estas naciones de delante de ti poco a poco; no podrás acabar con ellas en seguida, para que las fieras del campo no se aumenten contra ti" (RVR1960).

A veces, nuestra liberación es proporcional a cómo crecemos en las cosas del Señor. El proceso suele ser gradual, poco a poco. A menos que entiendas este principio, puedes desanimarte con tu propia liberación o cansarte de orar por otras personas. Hay ciertas áreas de nuestra vida en las que el Señor nos librará en determinados momentos. Él sabe qué áreas están listas para recibir la limpieza y sabe el tiempo necesario.

No te engañes pensando que todos recibirán su liberación en una sola sesión o que tú serás liberado después de hacer una oración. El Señor sabe cuánta tierra necesitas conquistar y te guiará por su Espíritu. En la misma medida en que desechemos a los espíritus malignos que operan en nuestras vidas renunciando a ellos, el Señor nos libertará.

Renuncias

Renuncio a toda lujuria, perversión, inmoralidad, inmundicia, impureza y pecado sexual en el nombre de Jesús.

Renuncio a toda brujería, hechicería, adivinación y participación en el ocultismo en el nombre de Jesús.

Renuncio a toda atadura impía del alma y a toda relación inmoral en el nombre de Jesús.

Renuncio a todo odio, ira, resentimiento, venganza, represalia, falta de perdón y amargura en el nombre de Jesús.

Perdono a cualquier persona que alguna vez me haya lastimado, decepcionado, abandonado, maltratado o rechazado en el nombre de Jesús.

Renuncio a toda adicción a las drogas, el alcohol o a cualquier sustancia legal o ilegal que me haya atado en el nombre de Jesús.

Renuncio a todo orgullo, soberbia, arrogancia, vanidad, egoísmo, desobediencia, celos y rebeldía en el nombre de Jesús.

Renuncio a todo temor, incredulidad y duda, y a todos los patrones de pensamiento y sistemas de creencias impíos en el nombre de Jesús.

Renuncio a todos los pactos, juramentos y votos impíos hechos por mí o por mis antepasados en el nombre de Jesús.

Capítulo 3

EL PODER DEL AYUNO

"Ahora bien —afirma el Señor—, vuélvanse a mí de todo corazón, con ayuno, llantos y lamentos". Rásguense el corazón y no las vestiduras. Vuélvanse al Señor su Dios, porque él es bondadoso y compasivo, lento para la ira y lleno de amor, cambia de parecer y no castiga.

—Joel 2:12-13

ALGUNOS DEMONIOS SON más fuertes y testarudos que otros. En estos casos, expulsarlos puede requerir oración y ayuno. A veces simplemente no hay otra forma de enfrentarlos. Ciertos tipos de demonios simplemente no se rinden. Son arrogantes y desafiantes. Y es posible que tengas que hacer algo inusual, extraordinario y más allá de lo normal para lograr avances. Una pequeña y tierna oración no va a funcionar. Se va a necesitar una unción que destruya el yugo. Cuando ayunas, la unción aumenta en tu vida. La autoridad, el poder y la fe de Dios cobran vida cuando dejas de lado algunas cosas y ayunas. Cuando ayunes serás cada vez más fuerte.

Isaías 58 habla de cómo podemos ayunar para romper todo yugo y deshacer las cargas pesadas. El ayuno abre espacio para que los oprimidos queden libres. El ayuno rompe ataduras y causa avivamiento. Cuando lidias con un problema serio, tal vez algo que no sabes cómo manejar, a veces lo mejor que puedes hacer es dejar de comer por un rato y orar en contra de eso.

A medida que te humilles a través del ayuno, la gracia de Dios vendrá sobre tu vida. El Señor será la fortaleza de tu vida. Lo que no pudiste en la carne, puedes hacerlo por el Espíritu de Dios. No es con ejército ni con poder, sino con el Espíritu del Señor que has de mover cualquier montaña.

El ayuno tiene muchos beneficios, uno de los cuales es que puede liberar la unción quebrantadora. Miqueas profetizó que el día del quebrantador se acercaba ante su pueblo. Estamos viviendo en esos días.

> Subirá el que abre caminos delante de ellos; abrirán camino y pasarán la puerta, y saldrán por ella; y su rey pasará delante de ellos, y a la cabeza de ellos Jehová.
>
> —Miqueas 2:13 RVR1960

El Señor es experto en quebrantar. Es capaz de atravesar cualquier obstáculo u oposición a favor de su pueblo del pacto. El ayuno hará que continúen los progresos en las familias, las ciudades, las naciones, las finanzas y las iglesias. Ayudará a los creyentes a romper toda oposición del enemigo. Una vida de ayuno constante hará que se manifiesten muchas victorias. La voluntad de Dios es que los creyentes de su pacto vivan en victoria y paz perfecta, sin que nada sea imposible para ellos.

El ayuno en el espíritu correcto

En los tiempos de Jesús, los fariseos ayunaban con actitudes de orgullo y superioridad.

> El fariseo se puso a orar consigo mismo: Oh Dios, te doy gracias porque no soy como otros hombres ... Ayuno dos veces a la semana.
>
> —Lucas 18:11-12 RVR1960

Cada vez que estés lleno de orgullo, siendo legalista y religioso, puedes ayunar y orar todo lo que quieras, pero no verás muchos milagros. Los fariseos no experimentaron ningún milagro como resultado de su oración y su ayuno. No tenían poder. No pudieron curar ni un uñero. Los fariseos no tenían más que túnicas largas, no tenían túnicas milagrosas. Jesús realizó muchos milagros porque era humilde y lleno de misericordia, sentía amor y compasión por las personas.

Debemos acercarnos al ayuno con humildad. El ayuno debe ser genuino, no religioso ni hipócrita. Esto es lo que Dios requiere en el ayuno. Debemos tener motivos correctos en el ayuno. El ayuno es una herramienta poderosa si se hace correctamente. Los musulmanes y los hindúes ayunan, pero son ayunos meramente religiosos. Grandes milagros y avances suceden cuando se ayuna con el espíritu correcto.

El capítulo 58 de Isaías describe el ayuno que Dios ha elegido:

- El ayuno no se puede hacer por pasatiempo (v. 3).
- No se puede ayunar mientras se maltrata a los demás (v. 3).
- No se puede ayunar por lucha ni por contienda (v. 4).
- El ayuno debe hacer que uno incline la cabeza con humildad, como un junco (v. 5).
- El ayuno debe ser un tiempo para escudriñar el corazón y arrepentirse.
- El ayuno debe hacerse con una actitud de compasión por los perdidos y los heridos (v. 7).

Este es el ayuno que Dios promete bendecir.

El enemigo conoce el poder de la oración y el ayuno, por eso hará todo lo que esté a su alcance para detenerte. Los creyentes que comienzan a ayunar pueden esperar mucha resistencia espiritual. El creyente debe estar comprometido con un estilo de vida con ayuno. Las recompensas del ayuno superan con creces los obstáculos del enemigo.

MANERAS DE AYUNAR

El ayuno es beneficioso ya sea que lo hagas parcial o totalmente. Practicar ayunos de un día de manera constante fortalecerá tu espíritu con el tiempo y te dará la capacidad de disciplinarte para practicar ayunos más prolongados. Los ayunos de tres días con agua únicamente son una modalidad poderosa para ver logros. Los ayunos de más de tres días deben ser realizados por personas con más experiencia en el ayuno.

No recomiendo ayunos largos a menos que haya una emergencia o si uno es guiado por el Espíritu Santo para hacerlo. Daniel ayunó veintiún días y vio un gran avance para su pueblo (Daniel 9—10). Daniel también fue profeta y, por cierto, Dios usará profetas que ayunen por diferentes razones para ver progresos. Jesús ayunó cuarenta días antes de comenzar su ministerio. Conozco personas que han ayunado cuarenta días y han visto grandes milagros.

El ayuno parcial puede incluir algunos alimentos como verduras y se puede hacer durante un largo período de tiempo. En los ayunos completos solo se puede ingerir agua, la cual es importante para limpiar el sistema de toxinas que se liberan durante el ayuno. El Espíritu Santo te revelará cuándo necesitas ayunar.

Progresos de las liberaciones en ayunas

El ayuno, junto con la oración, es una de las armas más poderosas que puedes usar para lograr victorias. Como creyente del pacto, la liberación y la libertad son parte del paquete de tu salvación. El enemigo pelea por esta libertad. Por eso estamos en una batalla constante. Cuando comienzas a ayunar y orar para que las manos del enemigo sean quitadas de tus cosas, lo siguiente es lo que puedes esperar que se libere.

- El ayuno libera la gloria de Dios para tu protección (Isaías 58:8).
- El ayuno resultará en una oración contestada (Isaías 58:9).
- El ayuno desata la guía divina (Isaías 58:11).
- El ayuno hará que obtengas una gran victoria contra adversidades abrumadoras (2 Crónicas 20:2-3).
- El ayuno liberará el poder del Espíritu Santo para que ocurra lo milagroso (Lucas 4:14, 18).

Un estilo de vida de ayuno es un modo de vida poderoso. Cuando te enfrentes a la incredulidad en una situación o a un demonio tenaz como algunos de los espíritus que exploraremos en este libro, te animo a que ayunes y ores por liberación.

DECLARA LOS BENEFICIOS DEL AYUNO EN TU VIDA

Señor, creo en el poder del ayuno elegido (Isaías 58).

Que mi ayuno destruya los yugos que el enemigo ha puesto contra mí.

Deja que tu luz entre en mi vida a través del ayuno.

Permite que la salud y la sanidad se liberen sobre mí a través de tu ayuno.

Permite que experimente salvación y liberación a través de tu ayuno.

Permite que los milagros se liberen en mi vida a través de tu ayuno.

Deja que tu poder y tu autoridad se liberen en mi vida a través de tu ayuno.

Humillo mi alma con el ayuno; que tu favor me exalte.

Echo todos los demonios tenaces de mi vida a través de tu ayuno.

Deja que la bendición y la misericordia de tu pacto se derramen sobre mí a través del ayuno que hayas escogido para mí.

Nada es imposible contigo, Señor; deja que mis imposibilidades se conviertan en posibilidades a través de tu ayuno.

Que cada asignación del infierno en mi contra se rompa a través de tu ayuno.

Que todo orgullo, rebelión y brujería que operan en mi vida sean destruidos a través de tu ayuno.

Permite que tu unción aumente en mi vida a través de tu ayuno.

Permíteme disfrutar de la restauración a través de tu ayuno.

Que todo mal hábito e iniquidad en mí sean rotos y vencidos a través de tu ayuno.

Permite que mis oraciones sean respondidas rápidamente a través de tu ayuno. Guíame a través de tu ayuno.

Muéstrame tu gloria a través de tu ayuno.

Permite que las fortalezas de la impureza sexual y la lujuria desaparezcan de mi vida a través de tu ayuno.

Que la enfermedad y la dolencia sean destruidas en mi vida, y que la sanidad surja a través de tu ayuno.

Que toda pobreza y carencia desparezcan de mi vida a través de tu ayuno.

Quita toda opresión y tormento de mi vida a través de tu ayuno.

Me humillo con ayuno (Salmos 35:13).

Capítulo 4

ROMPE LAS CADENAS DEL DOBLE ÁNIMO

Si a alguno de ustedes le falta sabiduría, pídasela a Dios, y él se la dará, pues Dios da a todos generosamente sin menospreciar a nadie. Pero que pida con fe, sin dudar, porque quien duda es como las olas del mar, agitadas y llevadas de un lado a otro por el viento. Quien es así no piense que va a recibir cosa alguna del Señor; es indeciso e inconstante en todo lo que hace.

—SANTIAGO 1:5-8

ODOS CONOCEMOS PERSONAS, incluidos nosotros mismos, que a veces actúan como en polos opuestos: el ministro piadoso y consagrado que pasa por un período de pecado y perversión; el creyente fuerte que tiene temporadas de apostasía; la persona alegre y extrovertida que cae en episodios de retraimiento y depresión; el individuo amable y cordial que tiene ataques de ira. Es casi como si estuvieras tratando con dos personas. Eso es doble ánimo.

El vocablo griego para doble ánimo *(dipsuchos)* significa literalmente "doble alma". Una persona que experimenta esa condición siempre está vacilante, indecisa, dubitativa, cambiante e incoherente. Los sinónimos de doble ánimo incluyen fluctuante, incongruente, impredecible, indeterminado, incierto, procrastinador, inseguro, retrasado, inconstante e inestable. Las personas de doble ánimo tienen problemas para tomar decisiones y apegarse a ellas. Además, siempre están cambiando de opinión con respecto a las relaciones, carreras, ministerios e iglesias debido a la inestabilidad.

El doble ánimo —o la doble mentalidad, como también se le conoce— es el polo opuesto de la estabilidad, lo cual significa que no es probable que la persona cambie o falle, que está firmemente establecida, que no se mueve ni se altera con facilidad, que no pierde el equilibrio fácilmente. ¿Cuántos pueden decir que encajan en esta descripción?

De todos los espíritus demoníacos que he encontrado en mis casi cuarenta años de ministerio, el doble ánimo es uno de los más fuertes. El doble ánimo se relaciona con el trastorno psicótico llamado *esquizofrenia*, la condición en que la mente y la personalidad se fragmentan y atormentan al individuo tanto con delirios como con inestabilidad, lo que —en definitiva— lo incapacita para operar bien en sociedad.

La esquizofrenia a veces significa personalidad o mente dividida. Hay diferentes grados de esquizofrenia y, la mayoría de esos niveles, no requieren hospitalización. Pero la esquizofrenia severa es tratada por la psiquiatría con drogas medicinales y, como muestra la historia, incluso con tratamiento de choque (eléctrico) debido a las alucinaciones y los delirios. Aunque la esquizofrenia y el doble ánimo son lo mismo, utilizo la expresión *doble ánimo* porque la esquizofrenia casi siempre se ve como una enfermedad mental grave; por lo que muchas personas ni siquiera considerarían la idea de que pueden ser esquizofrénicas.

La mayoría de las personas de doble ánimo se las arreglan para funcionar en la vida y tienen algunos logros, pero aun así presentan características de un espíritu de esquizofrenia, lo que hace que sean constantemente inestables en todas las áreas, además de que nunca tienen paz en cuanto a quiénes son o lo que pueden lograr. Es posible que no siempre lleguen al punto de la locura que el mundo etiqueta como esquizofrenia.

Ya mencioné que el doble ánimo es uno de los espíritus más fuertes que encuentro en el ministerio. Frank e Ida Mae Hammond lo llamaron el plan maestro de Satanás para destruir a la raza humana y dijeron: "Casi todas las personas que acuden a nosotros en busca de liberación padecen diversos grados de la red de espíritus demoníacos que causan la esquizofrenia".

Algunos enseñarán que los cristianos no pueden tener espíritu de esquizofrenia pero, por favor, sepa que cuando Santiago dijo que la persona de doble ánimo es inconstante en todos sus caminos o en todo lo que hace, estaba hablándoles a los santos (Santiago 1:8).

Rechazar eso es la puerta de entrada al doble ánimo o la doble mentalidad. Los demonios asociados con el rechazo hacen que sea casi imposible que un individuo se convierta en la verdadera persona que Dios ideó al crearla. Por tanto, se someten al gobierno de esos espíritus; por lo que siempre están tratando de compensar su falta de desempeño y su poca confianza. Luego caen en la rebeldía para evitar ser lastimados y que se aprovechen de ellos. Con la rebelión viene la amargura, esa que se tiene contra las personas y las circunstancias de la vida que han causado todo tipo de heridas y traumas.

El doble ánimo es un espíritu demoníaco peligroso que hace que las personas se sientan como una pelota que se mueve entre dos falsas personalidades diabólicas: la manifestación interna de rechazo y la expresión exterior de la rebelión. Las personas de doble ánimo casi siempre viven un estado de inestabilidad que les hace ir y venir entre la personalidad del rechazo y la personalidad de la rebeldía.

El doble ánimo es común a todos nosotros. Todos nos enfrentaremos a un doble ánimo recurrente si no tenemos la liberación divina. Pero Dios no nos creó para que fuéramos personas inestables. Él nos creó a su imagen. Y, como sabemos, Dios no es inestable. Al contrario, Dios es confiable y congruente. Él quiere que seamos iguales. El propósito de Dios es que tengamos una personalidad estable y no estemos divididos por múltiples personalidades. No deberíamos ir de arriba a abajo como el popular juguete conocido con el nombre de yo-yo.

La respuesta al doble ánimo se encuentra en Santiago 4:8 (RVR60): "Acercaos a Dios, y él se acercará a vosotros. Pecadores, limpiad las manos; y vosotros los de doble ánimo, purificad vuestros corazones". En la misma medida en que nuestros corazones se purifican a través de la liberación, crecemos para amar la Palabra de Dios y odiar al doble ánimo (Salmos 119:113). No puedes ser de doble ánimo y amar la Palabra al mismo tiempo. El doble ánimo te alejará de la Palabra. Es por eso que debemos detestarlo, no concordar con él y someternos a la liberación divina.

Oraciones y declaraciones que rompen el poder del doble ánimo

Ato y reprendo todo espíritu que intente distorsionar, perturbar o desintegrar el desarrollo de mi personalidad en el nombre de Jesús.

Rompo todas las maldiciones de esquizofrenia y doble ánimo sobre mi familia en el nombre de Jesús.

Ato y reprendo el espíritu de doble ánimo en el nombre de Jesús (Santiago 1:8).

Ato y tomo autoridad sobre los hombres fuertes del rechazo y la rebelión y los separo en el nombre de Jesús.

Ato y echo fuera los espíritus de rechazo, miedo al rechazo y *autorrechazo* en el nombre de Jesús.

Ato y expulso todo espíritu de inmoralidad sexual, lujuria fantasiosa, prostitución y perversidad en el nombre de Jesús.

Ato y expulso todo espíritu de inseguridad e inferioridad en el nombre de Jesús.

Ato y expulso todos los espíritus de miedo al juicio, autoindulgencia, falsa compasión e irresponsabilidad en el nombre de Jesús.

Ato y expulso todos los espíritus de depresión, abatimiento, desesperación, desánimo y desesperanza en el nombre de Jesús.

Ato y expulso todo espíritu de culpa, condenación, indignidad y vergüenza en el nombre de Jesús.

Ato y expulso todo espíritu de perfección, orgullo, vanidad, egoísmo, intolerancia, frustración e impaciencia en el nombre de Jesús.

Ato y expulso todos los espíritus de superioridad, timidez, soledad y sensibilidad en el nombre de Jesús.

Ato y expulso todos los espíritus de locuacidad, nerviosismo, tensión y miedo en el nombre de Jesús.

Ato y expulso todos los espíritus de obstinación, egoísmo y terquedad en el nombre de Jesús.

Ato y echo fuera el espíritu de acusación en el nombre de Jesús.

Ato y expulso todos los espíritus de desilusión, autoengaño y seducción en el nombre de Jesús.

Ato y expulso todo espíritu de juicio, orgullo e indisciplina en el nombre de Jesús.

Ato y expulso todo espíritu de control y posesividad en el nombre de Jesús.

Ato y echo fuera toda raíz de amargura en el nombre de Jesús.

Ato y expulso todos los espíritus de odio, resentimiento, violencia, asesinato, falta de perdón, ira y venganza en el nombre de Jesús.

Ato y expulso todo espíritu de paranoia, sospecha, desconfianza, persecución, confrontación y miedo en el nombre de Jesús.

Capítulo 5

ROMPE LAS CADENAS DEL RECHAZO

Despreciado y rechazado por los hombres, varón de dolores, hecho para el
sufrimiento. Todos evitaban mirarlo; fue despreciado, y no lo estimamos.
—Isaías 53:3

Toda persona necesita amor. Dios nos creó de esa manera. Necesitas el amor de la familia, el amor de los demás y, sobre todo, el amor de Dios. Si no tienes ese amor, aceptarás el rechazo o expresarás una de sus dos manifestaciones: el miedo o el orgullo. El rechazo es una herramienta poderosa del enemigo, ya que abre la puerta para que entre todo tipo de opresión demoníaca y destruya la vida de la persona.

El rechazo es un espíritu fuerte que siempre está presente cuando ministro liberación a las personas. Esto se debe a que el rechazo es una herida que casi siempre comienza temprano en la vida y, si no se trata, desarrolla una infección. Los demonios son como los gérmenes que atrae la herida y causan la infección. En otras palabras, lo que comienza como una herida se convierte en algo mucho peor.

El rechazo no solo hiere, también afecta la identidad de la persona. Como el sujeto que sufre el rechazo piensa que hay algo malo en él, ha de rechazarse a sí mismo. El espíritu de autorrechazo suele acompañar al rechazo mismo. El enemigo comienza a establecer personalidades falsas dentro de la persona que ha sido rechazada.

El rechazo genera la sensación de que no eres amado; es un dolor que hace que anheles —con desesperación— que la gente te ame, pero estás convencido de que no es así. Aunque las personas cercanas te amen y te acepten, si sufres algún rechazo, eres incapaz de creer o recibir ese amor. Sientes un doloroso deseo de ser parte de algo, es un anhelo de pertenencia, pero todo ello es infructuoso; no sientes nada de eso.

Algunos, al intentar compensar el rechazo, se retraen como la tortuga que se refugia en su caparazón para protegerse. Otros estallan de ira y odio, luchando amargamente contra el dolor y la injusticia. Las personas rechazadas, a menudo, se pasan la vida buscando una identidad significativa lejos de una verdadera relación con Dios.[1] El rechazo casi siempre se inicia a una edad temprana e incluso puede comenzar en el útero. El rechazo prenatal es muy común y puede ocurrir con embarazos no planificados; un niño no deseado; el rechazo del padre, el de la madre o el de ambos; o puede surgir como producto de una violación. Los niños del medio pueden ser vulnerables si sienten que los padres favorecen a los mayores o a los más pequeños.

Cuando el rechazo se manifiesta en la familia puede ocurrir debido al abandono por una o ambas partes —ya sea deliberado o percibido— de las figuras de autoridad (ya sea emocional o física), por ser adoptado o por vivir situaciones marcadas por los padres (síndrome del niño medio), como el favoritismo que se muestra por ciertos hijos, la muerte de uno de los progenitores, la negligencia de los padres, los padres dominantes o perfeccionistas.

El rechazo social incluye el de los compañeros, el de los prejuicios raciales, las diferencias sociales y económicas, la intimidación o el maltrato de otras figuras de autoridad (por ejemplo, maestros, entrenadores).

LOS ESPÍRITUS DEMONÍACOS ASOCIADOS CON EL RECHAZO

El rechazo no solo es un demonio; también constituyen una personalidad. Esta personalidad comprende diversos espíritus que se unen y fortalecen el rechazo. Entre los espíritus demoníacos que pueden entrar en la persona como resultado del rechazo, están los relacionados con lo siguiente:

- lujuria, fantasía y perversión
- inseguridad e inferioridad
- orgullo, vanidad y ego
- autoacusación

- depresión
- perfeccionismo
- apreciar que la vida y las personas son injustas
- culpa, vergüenza y confusión
- sensibilidad, excesiva sensibilidad a las ofensas
- afecto excesivo por los animales
- miedo
- paranoia
- indecisión
- pasividad

El rechazo también se vincula con la rebelión, causando esquizofrenia (o doble mentalidad). Dios quiere que identifiquemos las causas del rechazo y que peleemos contra los demonios del rechazo, el miedo al rechazo, el autorrechazo mismo, el rechazo hereditario, las raíces del rechazo y los espíritus que entran con él —heridas, ira, amargura, rabia, cólera, orgullo, miedo, rebelión y más—, de modo que podamos ser libres nosotros y traer liberación a nuestras familias, amigos y a los que nos rodean.

Eres aceptado en el Amado

Isaías 53:3 nos dice que Jesús fue despreciado y rechazado por los hombres. ¿Por qué? Jesús tomó nuestro rechazo sobre sí mismo para liberarnos de esa situación. Ahora, debido al rechazo de Cristo somos aceptados en el Amado (Efesios 1:4-6). Somos aceptados o acogidos a través de la sangre de Jesús. Somos aceptados por la gracia. No tenemos que ser perfeccionados a través del legalismo ni de las leyes. Podemos ser aceptados por la fe. Esta es la tremenda bendición del cristianismo. Rompe las cadenas del rechazo al creer la verdad de la Palabra de Dios.

Oración para renunciar al
rechazo y al autorrechazo

Padre celestial, creo que he sido temerosa y maravillosamente hecho. Señor, me creaste con espíritu, alma y cuerpo. Sé que deseas que esté sano en todas las áreas de mi vida: espíritu, alma y cuerpo. Por tanto, te pido que me sanes y me liberes de cualquier imagen negativa que pueda haber en mi vida: cualquier autorrechazo, odio por mí mismo, sentimiento de culpa, vergüenza, miedo, falta de perdón, rencor, amargura y resentimiento que pueda existir en mi corazón hacia mi madre, mi padre, mis hermanos o cualquier persona que me haya lastimado, rechazado, abandonado o que se haya aprovechado de mí, lo cual me ha hecho rechazarme u odiarme a mí mismo.

Señor, perdóname si he expresado palabras contra mi propia vida, si he deseado de muerte o si he dicho cosas contra mi propio yo, rompo el poder de esas palabras. Cualquier palabra negativa fuera de mi boca contra mi vida. Destruyo el poder de esas palabras. Cualquier maldición autoinfligida de muerte, enfermedad o destrucción: rompo el poder de esas palabras. Renuncio a cualquier demonio que haya entrado en mi vida a través del dolor, el rechazo o las malas relaciones. Le digo: No puedes permanecer en mi vida.

Me perdono por todo lo que he hecho en el pasado, de lo cual me avergonzaba. Renuncio a toda vergüenza, toda culpa, en el nombre de Jesús. Me acepto a mí mismo. Creo que me creaste para un propósito. Soy tu creación, por lo tanto no me rechazaré. Me hiciste de una manera única. No despreciaré eso.

Así que hoy renuncio a todo autorrechazo y odio a mí mismo; a toda la culpa, a la vergüenza, al miedo, a la amargura, a la ira y al resentimiento que afecta mi sistema inmune, mi torrente sanguíneo, mi sistema óseo, nervioso, glandular y muscular, en el nombre de Jesús. Cualquier cosa que afecte mis intestinos, huesos, articulaciones, estómago, páncreas, riñones, hígado, bazo, entrañas, garganta y cada órgano de mi cuerpo, en el nombre de Jesús.

Ordeno que salga de mi vida todo espíritu que opere en mi corazón, mis intestinos, mi vientre o cualquier órgano de mi cuerpo o que haga que no funcione correctamente. Salgan fuera, en el nombre de Jesús.

Todo espíritu de enfermedad, malestar, padecimiento, accidente, muerte prematura y destrucción, renuncio a cada uno de ustedes, en el nombre de Jesús. Les ordeno que ahora mismo se vayan de mi ser. Cualquier espíritu que afecte mi torrente sanguíneo, mi nivel de azúcar en la sangre, mi presión arterial. Renuncio a todos esos espíritus en el nombre de Jesús.

Todo dolor, hinchazón, enfermedad y pudrición en mis huesos, ordeno que dejen mi cuerpo; echo fuera cualquier demonio que seque mis huesos, en el nombre de Jesús. Reprendo a cualquier demonio que haga que mi sangre sea poco saludable, en el nombre de Jesús. Renuncio a cualquier engendro diabólico que haga que mi cuerpo se mutile y se destruya a sí mismo, declaro que no puede permanecer en mi cuerpo. Así que te ordeno que te vayas, en el nombre de Jesús. Te ordeno que salgas por el poder de Dios, por la unción de Jesucristo, no puedes quedarte. Renuncio a ti demonio y me arrepiento, y te ordeno que te vayas en el nombre de Jesús.

Oraciones y declaraciones para ser liberados del rechazo

Las cuerdas me cayeron en lugares deleitosos, y es hermosa la heredad que me ha tocado (Salmos 16:6 RVR1960).

El Señor es mi luz y mi salvación; ¿a quién temeré? El Señor es el baluarte de mi vida; ¿quién podrá amedrentarme? (Salmos 27:1).

El Señor está conmigo, y no tengo miedo; ¿qué me puede hacer un simple mortal? (Salmos 118:6)

Fuiste despreciado y rechazado. Conoces mi dolor y mi sufrimiento, pero gracias a tus heridas he sido sanado del rechazo (Isaías 53:3-5 parafraseado).

Creo y recibo lo que has dicho sobre mí. Tu verdad me libera del espíritu de rechazo.

Has clavado mi rechazo en la cruz. Soy libre.

He sido elegido por Dios desde antes de la fundación del mundo (Efesios 1:4).

Soy santo y sin culpa (Efesios 1:4).

He sido adoptado como su hijo de acuerdo al buen propósito de su voluntad (Efesios 1:5).

Soy aceptado en el Amado (Efesios 1:6).

Soy redimido a través de la sangre de Jesús (Efesios 1:7).

Soy heredero (Efesios 1:11).

Estoy sentado en lugares celestiales en Cristo Jesús (Efesios 2:6).

Soy hechura del Señor, creado en Cristo Jesús para buenas obras (Efesios 2:10).

Soy conciudadano de los santos y miembros de la familia de Dios (Efesios 2:19).

Me han dado promesas extremadamente grandes y preciosas de que puedo ser partícipe de la naturaleza divina de Cristo (2 Pedro 1:4).

Mi hombre interior se fortalece con el poder del Espíritu de Dios (Efesios 3:16).

Estoy arraigado y cimentado en el amor (Efesios 3:17).

Estoy renovado en el espíritu de mi mente (Efesios 4:23).

Estoy lleno del Espíritu de Dios (Efesios 5:18).

Estoy sano (1 Pedro 2:24).

El hijo me ha liberado (Juan 8:36).

Nací de Dios; por lo tanto, soy victorioso (1 Juan 5:4).

Oraciones y declaraciones sobre la aceptación de Dios a través de Cristo

A través de Jesucristo y de su sangre, por fe en él, he sido hecho aceptable para Dios.

Experimento la justicia perfecta porque tengo su justicia.

Dios me acepta por lo que Jesús hizo, no por mis obras.

Dios es santo. La perfección es su norma. Nada menos que eso. Soy perfeccionado a través del sacrificio de Jesús, por lo que mi estilo de vida y las obras mostrarán mi fe.

La santidad y la justicia son estándares divinos. Me comprometo a una vida de santidad y justicia. Si cometo un error, sé que su sangre me limpiará. Pero mi objetivo es que —con Cristo— viviré un estilo de vida crucificado. Mi oración, mi alabanza, mi adoración y mi vida serán aceptables a Dios a través de su Hijo, Jesucristo.

Capítulo 6

ROMPE LAS CADENAS DE LA REBELIÓN

"¿Están ustedes dispuestos a obedecer? ¡Comerán lo mejor de la tierra! ¿Se niegan y se rebelan? ¡Serán devorados por la espada!' El Señor mismo lo ha dicho".

—Isaías 1:19-20

UNO DE LOS mayores deseos de Satanás es que nos volvamos rebeldes. Porque sabe que la desobediencia y la rebelión contra Dios y su Palabra abren nuestras vidas a la destrucción (Isaías 1:19-20).

Rebelarse es oponerse o desobedecer a alguien en autoridad o que tiene el control. La autoridad es para nuestro resguardo. Cuando una persona se rebela contra la autoridad legal, abandona la protección que Dios le ha dado y se expone al ataque demoníaco. Ser terco, obstinado, orgulloso, indómito y testarudo son todas manifestaciones de la rebelión. Dios detesta la rebelión y la clasifica como hechicería (1 Samuel 15:23). Las personas rebeldes suelen tener fuertes espíritus de hechicería.

La rebelión es, a menudo, resultado del rechazo. Especialmente en los niños, la rebelión se manifiesta, a veces, como un llamado de auxilio.

Como el rechazo, la rebelión no es solo un demonio sino también una personalidad. La personalidad rebelde es la manifestación exterior de la doble mentalidad, es el polo opuesto de la personalidad de rechazo, que es interior. La personalidad rebelde actúa, arremete y se manifiesta.

Otros espíritus demoníacos asociados con la rebelión incluyen los siguientes:

- terquedad, que incluye desobediencia, incapacidad para aprender e idolatría

- artificio, que incluye autoengaño, autodecepción y autoseducción
- egoísmo
- brujería, que incluye hechicería, adivinación, intimidación, control y manipulación
- control y posesividad
- amargura, la esencia de la personalidad rebelde (Hebreos 12:15). Los espíritus relacionados incluyen falta de perdón, rabia, ira, violencia, venganza, represalias e incluso asesinato
- contienda, disputas, peleas, altercados y riñas.

Las personas rebeldes necesitan renunciar a la rebelión, someterse a la autoridad y recibir liberación. La obediencia y la humildad traen gran bendición a tu vida. Pero la desobediencia y la rebelión te meterán en serios problemas y ataduras terribles.

- La rebelión puede hacer que mores en tierra seca (Salmos 68:6).
- La rebelión puede hacer que vivas en tinieblas y en sombra de muerte.
- La rebelión puede hacer que seas devorado por la espada o la muerte (Isaías 1:20).
- La rebelión puede convertirte en enemigo de Dios (Isaías 63:10).
- La rebelión puede traerte tristeza y cautiverio (Lamentaciones 1:18).
- La rebelión puede causarte angustia y perturbar tu alma (tus emociones) (Lamentaciones 1:20).
- Dios puede y perdonará la rebelión, y tú puedes recibir su misericordia (Daniel 9:9).
- La rebelión hace que el corazón se endurezca. Dios no puede trabajar con nosotros cuando nuestros corazones están endurecidos. Por eso dijo que nos daría corazones nuevos (Ezequiel 36:26-30).

Parte del plan redentor de Dios es llevarnos a un buen lugar y hacer que llevemos vidas fructíferas. Pero eso no se logra mientras seamos amargados, rebeldes, orgullosos y de corazón duro. Sin embargo, a través de la liberación somos transformados, sanados y restaurados a una posición en la que Dios puede comenzar a edificarnos.

Oraciones y declaraciones para quebrantar el espíritu de rebelión

Ato y reprendo el espíritu de doble ánimo en el nombre de Jesús (Santiago 1:8).

Ato y asumo autoridad sobre los hombres fuertes del rechazo y la rebelión, y los echo fuera en el nombre de Jesús.

Ato y expulso el espíritu de rebelión, amargura, engaño, egoísmo, hechicería y control.

Ato y expulso toda forma de amargura, contienda y disputa.

Me libero de la falta de perdón. Opto por perdonar para poder ser perdonado (Mateo 6:14).

Padre, evita que me vuelva rebelde, orgulloso y desobediente a ti como lo hizo Saúl (1 Samuel 15:22-23). Que nunca tengas que decir de mí: "Lamento haberte dado un ministerio, porque no me obedeciste por tu orgullo".

Oraciones y declaraciones para quebrantar el espíritu de rebelión

Ato y reprendo el espíritu de doble ánimo en el nombre de Jesús (Santiago 1:8).

Ato y tomo autoridad sobre los hombres fuertes del rechazo y la rebelión y los separo en el nombre de Jesús.

Ato y expulso el espíritu de rebelión, amargura, engaño, egoísmo, hechicería y control.

Ato y expulso toda forma de amargura, contienda y disputa.

Me libero de la falta de perdón. Elijo perdonar para que pueda ser perdonado (Mateo 6:14).

Padre, evita que me vuelva rebelde, orgulloso y desobediente a Ti como lo hizo Saúl (1 Samuel 15:22-23). Que nunca tengas que decir de mí: "Lamento haberte dado tu ministerio, porque en tu orgullo no me obedeciste".

Oraciones y declaraciones para la recibir la bendición de la obediencia

Hoy proclamo al Señor como mi Dios; prometo que andaré en sus caminos y guardaré sus estatutos, sus mandamientos y sus juicios; y que obedeceré su voz (Deuteronomio 26:17).

Todo lo que el Señor ha dicho que haga, lo haré y seré obediente (Éxodo 24:7).

Señor, te obedeceré para poder entrar en tu reposo (Hebreos 3:18).

No seguiré mis rituales antiguos, obedeceré al Señor (2 Reyes 17:40).

Guardaré y obedeceré todas las palabras que me ordenes, para que nos vaya bien a mis hijos, a mí y después de mí, por siempre (Deuteronomio 12:28).

Recibo bendición porque obedezco los mandamientos del Señor mi Dios (Deuteronomio 11:27).

Que no vuelva mi corazón a Egipto, sino que obedezca (Hechos 7:39).

Me someto como esclavo a obedecerte, Señor, para ser justo (Romanos 6:16).

Gracias, Dios, porque al obedecer tu voz, serás enemigo de mis enemigos y adversario de mis adversarios (Éxodo 23:22).

No sea yo el que no te obedezca y reciba siete veces más castigo por sus pecados (Levítico 26:18).

Todas las bendiciones del Señor vienen a mí y me alcanzan porque obedezco la voz del Señor mi Dios (Deuteronomio 28:2).

Te obedeceré e inclinaré mi oído hacia ti. No seré obstinado (Jeremías 7:26).

Obedeceré tu voz. Recibiré tu corrección. Confiaré en el Señor y me acercaré a mi Dios (Sofonías 3:2).

Sea agradable o desagradable, obedeceré la voz del Señor mi Dios para que me vaya bien (Jeremías 42:6).

Obedeceré sinceramente tus mandamientos: amar al Señor mi Dios y servirte con todo mi corazón y mi alma (Deuteronomio 11:13).

Caminaré en pos del Señor mi Dios y le temeré. Guardaré sus mandamientos y obedeceré su voz. Le serviré y me aferraré a él (Deuteronomio 13:4).

Que no sea como el rey Saúl, que transgredió el mandamiento del Señor y temió a las personas más que a Dios y obedeció la voz de los demás (1 Samuel 15:24).

Como Ester, me someteré a las autoridades espirituales que has puesto sobre mí (Ester 2:20).

Obedeceré e inclinaré mi oído al Señor mi Dios. No seguiré los consejos y dictados de mi malvado corazón (Jeremías 7:24).

Que nadie me engañe para que deje de obedecer la verdad (Gálatas 3:1).

Temo al Señor y obedezco la voz de su siervo. Camino en la luz y no en la oscuridad. Confío y me apoyo en Dios (Isaías 50:10).

Capítulo 7

ROMPE LAS CADENAS DE LA LUJURIA Y LA PERVERSIÓN

Huyan de la inmoralidad sexual.
—1 Corintios 6:18

E L DESEO SEXUAL es uno de los apetitos más fuertes que tiene el cuerpo humano, por lo que Satanás desea controlarlo y pervertirlo fuera de la relación marital, en la que es bendecido. Como resultado, muchos creyentes luchan contra la lujuria, la perversión y diversas manifestaciones del pecado sexual como la masturbación, la pornografía y la fornicación. A veces, los espíritus de lujuria y perversión se transmiten por herencia familiar. Los espíritus de lujuria atormentan con vergüenza, culpa y condena. Esto les roba, a los cristianos, la confianza y el valor que deberían tener como creyentes.

El espíritu de lujuria siempre está presente, en nuestros días como anteriormente. Es un sustituto demoníaco del verdadero amor. Las personas rechazadas buscarán relaciones y, a menudo, se involucrarán en la inmoralidad sexual a una edad temprana. Los espíritus de lujuria sexual incluyen el adulterio, la fornicación, la prostitución, la trata, la seducción, el libertinaje sexual, la perversión, la homosexualidad, el lesbianismo, la masturbación, la pornografía, el incesto, la lujuria fantasiosa, la sodomía y toda clase de impureza.

La lujuria no solo es sexual, sino que también puede manifestarse en materialismo, excesos, adicciones a la comida (glotonería, bulimia, anorexia y dietas extremas), a las drogas y al alcohol, a las compras, a la ropa y un largo etcétera. El grupo de fantasía demoniacas asociadas con la lujuria incluye pornografía y soñar despierto, lo que puede llevar a una persona a tener pasatiempos excesivos que emplea para escapar de la realidad. Muy ligada a la lujuria está la perversión sexual. Este espíritu también se manifiesta a través del incesto, la homosexualidad, la masturbación, la pornografía, la fornicación, el adulterio y otras actividades sexuales desviadas. La perversión puede ser una manifestación de autorrechazo cuando las personas resisten su propia identidad sexual. Todos estos son simplemente intentos por superar el rechazo.

Perverso significa ser distorsionado, falso, torcido; cometer iniquidad, pervertir. Perversión es desviarse de lo que es correcto. No tiene por qué ser desviación sexual; podría ser cualquier forma de desviación. Si condujera en la calle por el lado izquierdo en vez del derecho, estaría pervirtiendo las leyes de tránsito de la ciudad. El espíritu de perversión hace que la persona erre, se descarríe, se desvíe de lo correcto, se vuelva torcida y se extravíe.

En lo natural, lo torcido no se puede enderezar (Eclesiastés 1:15). Sin embargo, a través del poder de Dios todo puede enderezarse (Lucas 3:5-6).

Cualquier parte del cuerpo entregada al pecado sexual será invadida y controlada por espíritus de lujuria y perversión. (Un ejemplo de ello son los ojos, al ver pornografía; las manos en actos de masturbación o la lengua en conversaciones obscenas).

La impureza sexual es un espíritu fuerte porque tiene sus raíces en la carne. Cuanto más tiempo participa la persona en una actividad o estilo de vida (como la homosexualidad, el adulterio, la masturbación), más difícil es experimentar liberación en ese aspecto. Eso se aferrará tenazmente a tu carne. A menudo, se requiere de ayuno para debilitar las raíces de la perversión ya que, cuando ayunas, estás sometiendo tu carne. Es por eso que los demonios no quieren que ayunes.

En Jueces 19:22-30 leemos acerca de unos hombres de cierta ciudad que querían tener relaciones sexuales con el huésped de un anciano, el cual había llegado a esa casa. Eran homosexuales identificados como hijos de Belial. El anciano trató de desanimarlos y les ofreció, en lugar del visitante, a su hija y a la concubina del huésped. Los hombres tomaron a la concubina del invitado y abusaron de ella toda la noche. El abuso fue tan severo que la mujer murió. Entonces el invitado agarró un cuchillo y cortó a la concubina en doce pedazos que envió a cada tribu de Israel. Los hombres que violaron a la concubina eran de la tribu de Benjamín. Entonces los hombres de Israel se reunieron contra la ciudad y pidieron que entregaran a los culpables. Los hijos de Benjamín no escucharon y en vez de ceder a la petición se reunieron para la batalla. Así que destruyeron veintidós mil hombres de Israel en el primer día (Jueces 20:21) y dieciocho mil en el segundo (v. 25). Solo después de que Israel ayunó pudieron vencer a Benjamín.

El ayuno fue la única forma en que Israel pudo erradicar la perversión de la tribu de Benjamín. Por eso digo que el ayuno puede ser la clave para romper las cadenas de la lujuria y la perversión que actúan en tu vida o en la de los demás.

ORACIONES Y DECLARACIONES PARA RENUNCIAR AL PECADO SEXUAL

Renuncio a todos los pecados sexuales en los que he participado en el pasado, incluida la fornicación, la masturbación, la pornografía, la perversión, la fantasía sexual y el adulterio, en el nombre de Jesús.

Libero todos los miembros de mi cuerpo —incluyendo mente, memoria, ojos, oídos, lengua, manos, pies y todo lo que tenga que ver con sexo— de toda lujuria, perversión, impureza, inmundicia, lascivia, promiscuidad, pornografía, fornicación, homosexualidad, pasión y deseo incontrolable.

Rompo todas las maldiciones de adulterio, perversión, fornicación, lujuria, incesto, violación, abuso sexual, ilegitimidad, prostitución y poligamia en el nombre de Jesús.

Ordeno a todos los espíritus de lujuria y perversión que salgan de mi estómago, de mis genitales, mis ojos, mi mente, boca, manos y mi sangre, en el nombre de Jesús.

Presento mi cuerpo al Señor como sacrificio vivo (Romanos 12:1).

Libero el fuego de Dios para quemar toda lujuria de mi ser, en el nombre de Jesús.

Rompo todo lazo impío de mi alma con antiguos amantes y parejas sexuales en el nombre de Jesús.

Echo fuera todo espíritu de soledad que me lleve a relaciones sexuales impías, en el nombre de Jesús.

Ordeno a todos los espíritus de lujuria hereditaria de mis antepasados que salgan, en el nombre de Jesús.

Ordeno a todos los espíritus de brujería que operan con lujuria que se vayan en el nombre de Jesús.

Tomo autoridad sobre mis pensamientos y ato todos los espíritus de fantasía y pensamientos lujuriosos en el nombre de Jesús.

Echo fuera todos los espíritus de lujuria que destruyen matrimonios y que quebrantan el pacto en el nombre de Jesús.

Me libero de cualquier espíritu de un cónyuge, de todo espíritu íncubo y súcubo, en el nombre de Jesús.

Expulso todos los espíritus de perversión, incluidos los de lujuria moabitas y amonitas, en el nombre de Jesús.

Recibo el espíritu de santidad para andar en pureza sexual, en el nombre de Jesús (Romanos 1:4).

Capítulo 8

ROMPE LAS CADENAS DE LA CULPA Y LA CONDENA

Así que la convicción que tengas tú al respecto, mantenla como algo entre Dios y tú. Dichoso aquel a quien su conciencia no lo acusa por lo que hace.

—Romanos 14:22

L A CULPA Y la condena están entre las peores cosas que puedes permitir que controlen tu vida. La culpa surge de sentimientos de indignidad, vergüenza, baja autoestima e inferioridad, y es la raíz de innumerables enfermedades así como también de infelicidad. Hay personas que pasan décadas sintiéndose culpables por cosas que hicieron hace años. Nunca se han perdonado a sí mismos y literalmente se autocastigan. Con el tiempo, sus sentimientos de indignidad, vergüenza y bochorno a menudo se convierten en autorrechazo.

Juan asegura en su carta 1 Juan 1:9 que "si confesamos nuestros pecados, él es fiel y justo para perdonar nuestros pecados y limpiarnos de toda maldad". El Espíritu Santo nos convence, pero la culpa y la condenación son herramientas que el enemigo usa para atormentar a los creyentes.

Si albergas sentimientos de culpa, vergüenza, arrepentimiento o inutilidad, necesitas liberación. Así que pídele a Dios que te perdone y pídeles a las personas a las que hayas lastimado que te perdonen. Pero lo más importante que debes hacer para experimentar la victoria completa en esta área es perdonarte a ti mismo. Para muchos, esto es lo más difícil de hacer. Pueden creer que Dios los perdona y que los demás también, pero no pueden perdonarse a sí mismos. Es en ese punto cuando tomas la justicia de Cristo por fe y decides confesarla diariamente, si es necesario, hasta que aceptes perdonarte tú mismo.

Todos hemos hecho cosas de las que no estamos orgullosos, pero debemos recordar que cuando agotamos todos los recursos nuestros, Jesús nos perdona. Él es nuestra justicia. Si no dejamos que eso eche raíces profundas en nuestro espíritu, seremos vulnerables a muchas enfermedades y dolencias, puesto que hay conexión entre el espíritu, el alma y el cuerpo.

La Biblia dice: "Querido hermano, oro para que te vaya bien en todos tus asuntos y goces de buena salud, así como prosperas espiritualmente" (3 Juan 1:2). Tu alma es tu mente, tu voluntad y tus emociones. Si tu alma no está sana y te sientes abrumado por el dolor, la vergüenza, la culpa, el miedo y el rechazo, tu cuerpo finalmente se verá afectado. Eso no sucede de la noche a la mañana. Cuanto más tiempo acarreas esas cosas, más daño hacen.

Para caminar en libertad en este aspecto, debes estar libre de la ley (o legalismo). La ley trae condenación y juicio, pero Jesús trae perdón y reconciliación. Al aplicar la sangre de Jesús por fe eres libre.

Los creyentes que no entienden la gracia luchan constantemente en sus vidas cristianas, ignorando las consecuencias de lo que les imponen las normas religiosas del legalismo. Ser libre en tu conciencia es tener paz en tu mente. Deja que la paz de Dios gobierne en tu corazón.

Oraciones y declaraciones contra la culpa y la condena

Reprendo y echo fuera todo espíritu de culpa, vergüenza, indignidad y condenación por la sangre de Jesús.

Ato y echo fuera todo espíritu de inmoralidad en el nombre de Jesús.

Me libero de todas las enfermedades arraigadas al rechazo, el odio a mí mismo, la herencia y la culpa, incluidas la diabetes, lupus y la esclerosis múltiple, y ordeno a esos espíritus que salgan, en el nombre de Jesús.

Perdóname, Señor, por permitir que el miedo, la culpa, el autorrechazo, el odio a mí mismo, la falta de perdón, la amargura, el pecado, el orgullo o la rebelión abran la puerta a cualquier enfermedad o dolencia. Renuncio a esas cosas en el nombre de Jesús.

ORACIONES Y DECLARACIONES PARA DESTRUIR YUGOS Y ELIMINAR CARGAS

Destruyo toda carga falsa que me impongan las personas, los líderes o las iglesias, en el nombre de Jesús (1 Tesalonicenses 2:6).

Desecho todas las cargas pesadas puestas en mi vida por el enemigo, en el nombre de Jesús.

Que tu unción quite la carga del enemigo de sobre mi cerviz, y que todo yugo sea destruido (Isaías 10:27).

Echo mis cargas sobre el Señor, y él me sostiene (Salmos 55:22).

Señor, rompe el yugo de la carga del enemigo, y quebranta el bastón y la vara del opresor como en el día de Madián (Isaías 9:4).

Que todo yugo de pobreza sea destruido en el nombre de Jesús.

Que todo yugo de enfermedad sea destruido en el nombre de Jesús.

Que todo yugo de servidumbre sea destruido en el nombre de Jesús (Gálatas 5:1).

Que todo yugo desigual sea roto en el nombre de Jesús (2 Corintios 6:14).

Destruyo todo yugo y carga de religión y legalismo puesto en mi vida por líderes religiosos, en el nombre de Jesús (Mateo 23:4).

Tomo sobre mi vida el yugo y la carga de Jesús (Mateo 11:30).

Capítulo 9

ROMPE LAS CADENAS DEL MIEDO

Porque no nos ha dado Dios espíritu de cobardía, sino
de poder, de amor y de dominio propio.

—2 TIMOTEO 1:7

EL MIEDO, LA paranoia, la intimidación y las fobias son algunos de los problemas más debilitantes del corazón humano. El miedo puede causar aislamiento y ataques de pánico que lleven incluso a la violencia. Puede impedir que el individuo viva a su máximo potencial y experimente el éxito. Las personas que viven con miedo, preocupación y ansiedad también acarrean un gran pesar, por lo que desean tener el valor y la audacia de hacer las cosas que Dios quiere de ellos. El miedo puede impedir que una persona crea en Dios en cuanto a su sanidad y su restauración. Cuando Jesús sanó a los enfermos, les dijo que era su fe lo que los sanaba (Marcos 5:34). Las personas temerosas viven en constante duda e infidelidad. La Biblia dice que lo que no proviene de la fe es pecado (Romanos 14:23). Para caminar en fe y experimentar el éxito piadoso, debemos romper el poder que el miedo impone sobre nuestras vidas.

El miedo es una emoción desagradable y, a menudo, fuerte causada por la anticipación o la conciencia del peligro, el pavor, el temor o la alarma en presencia de otros. Este espíritu paralizante tiene sus raíces en el rechazo y se manifiesta de muchas maneras: miedo al rechazo (que funciona con el rechazo y el autorrechazo), al daño, a la autoridad (incluidos los pastores), a la brujería, a morir, al fracaso, al futuro, a la responsabilidad, a la oscuridad, a estar solo, a lo que la gente piense de ti, a lo que la gente diga de ti, al infierno, a los demonios y a la liberación, además del miedo a la pobreza. Todas estas manifestaciones deben ser destruidas en el nombre de Jesús.

También hay miedos extremos, como ataques de pánico, terror, susto, aprensión, temor repentino y más. La locuacidad, el nerviosismo, la preocupación, la ansiedad y la tensión también pueden ser parte del grupo de demonios del miedo, todos relacionados con el rechazo.

El miedo es una de las armas más grandes de Satanás contra el creyente. Es lo opuesto absoluto a la fe. Toda manifestación de miedo puede romperse en el nombre de Jesús. Debido a que el miedo puede ser un demonio tenaz, a veces se necesita ayunar para destruir su poder.

La Biblia deja en claro que Dios no nos dio un espíritu de temor. Podemos caminar en libertad rompiendo el poder del miedo sobre nuestras vidas y optando por caminar en fe.

Oraciones y declaraciones para la liberación del temor

En el nombre de Jesús, soy libre de todos los miedos, incluidos los temores de la infancia, los de traumas anteriores, los del pasado y todos los miedos heredados.

El Señor es mi luz y mi salvación; ¿a quién temeré?, ¿quién podrá amedrentarme? (Salmos 27:1).

Señor, tú estás conmigo. No tendré miedo. ¿Qué me puede hacer un simple mortal? (Salmos 118:6)?

Señor, nunca me dejarás ni me desampararás; no temeré ni me desanimaré (Deuteronomio 31:8).

Las cuerdas me cayeron en lugares deleitosos, y es hermosa la heredad que me ha tocado (Salmos 16:6).

Soy bendecido con toda bendición espiritual en los lugares celestiales en Cristo (Efesios 1:3).

He sido escogido por Dios desde antes de la fundación del mundo (Efesios 1:4).

No temeré, porque tú me has redimido; me has llamado por mi nombre, y soy tuyo (Isaías 43:1).

Tu perfecto amor echa fuera todo temor. No temo, porque no hay temor en el amor, y he sido perfeccionado en el amor (1 Juan 4:18).

Estoy arraigado y cimentado en amor (Efesios 3:17).

Soy renovado en el espíritu de mi mente (Efesios 4:23).

Soy nacido de Dios; por tanto, soy victorioso (1 Juan 5:4).

Declaro que el ángel del Señor acampa a mi alrededor y me protege (Salmos 34:7).

El nombre de Jesús es una torre fuerte. Él es mi escudo y estoy a salvo (Proverbios 18:10).

Señor, me haces habitar en seguridad (Salmos 4:8).

Ponme a salvo de los que me injurian (Salmos 12:5).

Habitaré en seguridad; nada me atemorizará (Ezequiel 34:28).

En la cobertura de tus alas confiaré (Salmos 61:4).

Señor, tú eres mi escudo y mi escondite (Salmos 119:114).

Señor, rodéame con tu escudo de protección (Salmos 5:12).

No temeré a diez mil que se pongan contra mí, porque tú eres mi escudo (Salmos 3:1-6).

Eres mi torre fuerte contra el enemigo (Salmos 61:3).

Confiesa nunca más

Nunca más tendré miedo, porque el Señor me ha librado de todos mis temores (Salmos 34:4).

Nunca más temeré al hombre, porque el Señor es mi ayudador (Hebreos 13:6).

Nunca más seré atormentado por el miedo (1 Juan 4:18).

Nunca más temeré a los demonios, porque tengo autoridad para pisotearlos como serpientes y escorpiones, y tengo todo poder sobre el enemigo (Lucas 10:19).

Nunca más tendré miedo a la brujería (Hechos 13:8-11).

Nunca más temeré hacer lo que Dios me diga que haga (Hechos 5:29).

Nunca más temeré al enemigo (Salmos 27:2).

Nunca más temeré ir a donde el Señor me envíe. Aquí estoy; envíame donde tú quieras (Isaías 6:8).

Nunca más temeré profetizar, sino que ansiaré hacerlo (1 Corintios 14:39).

Nunca más temeré echar fuera demonios (Marcos 16:17).

Nunca más temeré ser rechazado, porque soy acepto en el Amado (Efesios 1:6).

Nunca más tendré miedo de testificar a los perdidos (Lucas 19:10).

Capítulo 10

ROMPE LAS CADENAS DE LA MUNDANALIDAD Y LA CARNALIDAD

¡Oh gente adúltera! ¿No saben que la amistad con el mundo es enemistad con Dios? Si alguien quiere ser amigo del mundo se vuelve enemigo de Dios.
—SANTIAGO 4:4

L A CARNALIDAD ES un problema en muchas familias en el cuerpo de Cristo. Ser carnal significa vivir en la carne. Ocuparse de las cosas terrenales. Tener una mente carnal es muerte. Pero tener una mente espiritual es vida y paz (Romanos 8:6). La carnalidad causa división y contienda (1 Corintios 3:3), impide que los creyentes crezcan y lleguen a la madurez. Evita que los creyentes entiendan las verdades más profundas de las Escrituras.

La mundanalidad y la carnalidad son otra manifestación más de doble ánimo. El espíritu de rechazo vincula a la persona con el mundo mediante una ilusión. Esta, sin embargo, es el sustituto satánico del amor verdadero. La solución divina es la liberación y la sanidad. Este es otro espíritu que a menudo requiere ayuno. No debemos ser controlados por la carne. El ayuno le quita poder a la carne y fortalece al espíritu al ayudarnos a enfocarnos en las cosas espirituales y aumentar el discernimiento espiritual (1 Corintios 2:15).

ORACIONES Y DECLARACIONES PARA DESECHAR LA MUNDANALIDAD Y LA CARNALIDAD

Ato y reprendo al espíritu de doble ánimo en el nombre de Jesús (Santiago 1:8).

Ato y asumo autoridad sobre los hombres fuertes del rechazo y la rebelión; y los echo fuera en el nombre de Jesús.

Ato y reprendo los espíritus del rechazo, miedo al rechazo y autorrechazo en el nombre de Jesús.

Ato y expulso todo espíritu de mundanalidad y carnalidad en el nombre de Jesús.

Ato y expulso todo espíritu de lucha y división.

Ato y expulso todo espíritu de porfía, egoísmo y terquedad en el nombre de Jesús.

Ato y expulso todo espíritu de autoindulgencia, autoengaño y autoseducción en el nombre de Jesús.

Ato y desalojo todo espíritu de control y posesividad en el nombre de Jesús.

Ato y echo fuera toda raíz de amargura en el nombre de Jesús.

Nunca más andaré en la carne sino en el Espíritu (Gálatas 5:16). Estoy crucificado con Cristo.

Padre, enséñame a recordar que mi alma debe estar llena de tu bondad, no de las cosas de este mundo (Gálatas 5:22-25).

Oraciones y declaraciones de sumisión a la voluntad de Dios

Declaro que tengo una mente espiritual, no una carnal (Romanos 8:6).

Estoy completamente sometido a la voluntad y la Palabra de Dios.

Yo "no amo al mundo ni las cosas que están en el mundo ... porque todo lo que hay en el mundo, los deseos de la carne, los deseos de los ojos y la vanagloria de la vida no son del Padre, sino del mundo" (1 Juan 2:15-16).

No me conformaré a este mundo; seré transformado por la renovación de mi mente para que pueda comprobar cuál sea la buena voluntad de Dios, agradable y perfecta (Romanos 12:2).

Pongo mi mente en las cosas de arriba, no en las de la tierra (Colosenses 3:2).

Renuncio a toda amistad con el mundo porque la amistad con el mundo es enemistad con Dios (Santiago 4:4). No soy enemigo de Dios; soy amigo de Dios.

Señor, renuncio a la impiedad y a las pasiones mundanas, y elijo vivir con dominio propio, una vida recta y piadosa en esta época (Tito 2:12).

Me abstengo de los deseos carnales que luchan contra mi alma (1 Pedro 2:11).

Buscaré agradar al Señor, no al mundo (2 Timoteo 2:4).

Con Cristo morí a los espíritus del mundo, ya no me someto a ellos (Colosenses 2:20-23).

No me hago tesoros en la tierra; los hago en el cielo, donde la polilla y el orín no destruyen, y los ladrones no minan ni hurtan (Mateo 6:19-20).

Capítulo 11

ROMPE LAS CADENAS DE LA AMARGURA Y LA FALTA DE PERDÓN

Abandonen toda amargura, ira y enojo, gritos y calumnias, y toda forma de malicia. Más bien, sean bondadosos y compasivos unos con otros, y perdónense mutuamente, así como Dios los perdonó a ustedes en Cristo.
—Efesios 4:31-32

L A AMARGURA ES muy común, por lo que multitudes necesitan ser liberadas de ella. A menudo es resultado del rechazo y el dolor. Las personas se enojan y se amargan cuando no perdonan ni hacen las paces con quienes las han herido u ofendido. Todo el mundo ha experimentado algún tipo de dolor en la vida; muchos no lo resuelven y, por lo tanto, terminan amargándose.

La amargura es un espíritu arraigado. Penetra profundamente en las emociones del individuo y es difícil de desalojar porque la persona "siente" ira y otras emociones profundas que son muy reales para ella. Este demonio se arraiga en la carne. Reaccionar con ira o revivir la amargura satisface la carne.

Hay cierta relación entre la amargura y la enfermedad (por ejemplo, el cáncer y la artritis). El Señor se reveló a sí mismo como sanador en Mara (Éxodo 15:23-26). Mara es la palabra hebrea para *amargura*. Los espíritus de enfermedad tienen el derecho legal de entrar y operar a través de la amargura. Una raíz de amargura puede resultar de la falta de gracia y causar tanto contaminación como problemas (Hebreos 12:15). Una raíz de amargura, aunque está oculta a la vista, al fin brotará y corromperá al individuo. Es una raíz venenosa que produce hiel y ajenjo (Deuteronomio 29:18). La hiel y el ajenjo, como son venenosos, representan la amargura, que igualmente contagia el sistema. Una persona también puede estar en la "hiel de la amargura", que conduce a la brujería y la hechicería (Hechos 8:23 RVR1960).

La prostitución y el pecado sexual pueden abrir la puerta a la amargura (Proverbios 5:4). Esta también se relaciona con la envidia y la contienda (Santiago 3:14). Además, la amargura puede entrar en los padres a causa de los hijos insensatos (Proverbios 17:25). La amargura también genera dureza del corazón, alejamiento de Dios, rencor a Dios por las desgracias de la vida y rechazo a la gracia divina. Otras manifestaciones de amargura incluyen envidia y contienda (Santiago 3:14), palabras ásperas y amargas (Salmos 64:3) y quejas (Job 23:2).

La falta de perdón abre la puerta a los espíritus torturantes (Mateo 18), incluida la amargura. La falta de perdón es el resultado de ser herido, rechazado, abandonado, desilusionado, abusado, violado, molestado, aprovechado, mentido, engañado, presa de chismes y cosas por el estilo. Puedes comenzar a atacar todos los espíritus relacionados con el rechazo, la amargura y la falta de perdón a través de la oración y la obediencia.

Si hay algo que parece que no puedes dejar, acude a alguien que sea fuerte y maduro en el Señor y obtén algo de oración y liberación. Cuando no puedas dejar algo, es que un diablo está ganando terreno en tu vida, por lo que necesita salir en el nombre de Jesús.

Ten en cuenta que la amargura, la falta de perdón y la ira pueden ser demonios tenaces. Si las cosas no parecen aflojar, agrega ayuno a tu oración y verás a Dios liberarte.

No dejes que la amargura contamine tu espíritu. En vez de eso, declara: "No me enfadaré, ni me molestaré ni me vengaré. No me llenaré de odio. No seré miserable. No seré un viejo gruñón. Quiero disfrutar de la vida. Quiero disfrutar de la comida, los amigos y el compañerismo. Quiero deleitarme en la iglesia. Quiero gozar de mi familia. Así que decido desechar la amargura y perdonar".

Oración para renunciar a la amargura

Padre celestial, creo que Jesús es el Hijo de Dios. Creo que murió en la cruz por mis pecados. Creo que Jesús venció todo principado, todo poder, a través de su muerte en la cruz. Creo que venció la amargura, la falta de perdón, el resentimiento, la ira, el odio, la rabia, la furia y el asesinato; declaro que estos demonios son derrotados en el nombre de Jesús. El amor de Dios y el poder de la sangre los vencen. No tienen lugar para operar en mi vida.

No seré una persona amargada. Renuncio a toda amargura, ira, odio, asesinato, rabia, represalia, despecho y venganza, en el nombre de Jesús. Renuncio a todo dolor, miseria y frustración, en el nombre de Jesús. Renuncio a toda enfermedad, a toda lujuria. En el nombre de Jesús, renuncio a todas las adicciones al alcohol y las drogas.

En el nombre de Jesús, destruyo el poder de la amargura. Si hay alguna raíz amarga en mi vida, te ordeno, en el nombre de Jesús, que seas arrancada por completo. Renuncio a todo dolor, a todo quebrantamiento de corazón. Perdono a cualquier persona que me haya lastimado, maltratado, que se haya aprovechado de mí, me haya defraudado, rechazado, robado o engañado. Los perdono y los bendigo.

Perdono a mis familiares por cualquier cosa que hayan hecho para lastimarme o decepcionarme. Los amo y los bendigo. En el nombre de Jesús, perdono a cualquier líder, pastor o figura de autoridad que alguna vez me haya lastimado, decepcionado, rechazado o aprovechado. Los perdono y los bendigo.

En el nombre de Jesús, me libero de toda amargura, de toda ira, de todo odio, de toda rabia, de todo homicidio, y ordeno a estos demonios que dejen mi cuerpo, dejen mi corazón, dejen mi mente y mi boca. En el nombre de Jesús, no puedes quedarte; debes partir, echo fuera todo hombre fuerte y toda fortaleza de amargura, resentimiento y falta de perdón, toda raíz de amargura, los expulso en el nombre de Jesús.

ORACIÓN PARA LIBERAR EL PERDÓN

Si hay personas específicas que sabes que debes perdonar, dedícate a eso ahora mismo. Puedes crear tu propia oración o usar la siguiente como punto de partida:

Padre celestial, en el nombre de Jesús, libero a [nombre de la persona] por [el nombre de la(s) ofensa(s)], lo[s] perdono Señor, sé que dijiste que la venganza es tuya y que tú pagarás. Pongo mi confianza en ti para que obres en la vida de esa persona de acuerdo a tus caminos perfectos y justos.

Abandono todo sentimiento de dolor, ira, amargura, resentimiento, juicio, represalia, venganza; todo deseo de desaparecer a alguien y cualquier otra cosa que haya tenido y deseado contra el futuro de [nombre de la persona].

Señor, sana mi memoria de los hechos dolorosos. Sana mis ojos y mis oídos de lo que pude haber visto u oído por error. Llévame a un punto en que ame a esa persona. Permíteme llegar a un momento en que pueda pronunciar oraciones de bendición por [él o ella], aunque sea desde lejos. Eres mi ejemplo de amor y de perfecto perdón, como lo expresaste cuando oraste por los que te crucificaron: "Padre, perdónalos, porque no saben lo que hacen". Ayúdame, Dios, a ser como tú.

Señor, te pido que me sanes en cada área de mi mente, cuerpo y alma que ha sido afectada por mi falta de perdón. Devuélveme lo que me han robado el perdón, la amargura y el rencor.

También te pido que me perdones por tratar de tomar los asuntos relacionados con [nombre de la persona] en mis manos. Son tuyos para que los castigues o los bendigas. Cualquier cosa que haya hecho para causarles algún daño, te pido que me perdones y les devuelvas lo que han perdido. En el nombre de Jesús oro. Amén.

Capítulo 12

ROMPE LAS CADENAS DEL ORGULLO

[El Leviatán] Mira con desdén a todos los poderosos; ¡él es rey de todos los soberbios!
—Job 41:34

UNO DE LOS demonios más difíciles de vencer es el espíritu de la soberbia. De hecho, algunas personas nunca parecen superar este espíritu y al fin terminan cayendo. El orgullo es una autoestima desmesurada, una opinión exaltada de uno mismo, es altanería y arrogancia. En Job 41 el orgullo se manifiesta como el espíritu de Leviatán, un espíritu gobernante que hace que las personas sean tercas y obstinadas (v. 22). Otras manifestaciones de orgullo incluyen dureza de corazón (v. 24); maldecir y mentir (Salmos 59:12); contención (Proverbios 13:10); embriaguez (Isaías 28:3); ira (Proverbios 21:24); contienda (Proverbios 28:25); desobediencia, rebelión y terquedad (Nehemías 9:16, 29); discutir y disputar (1 Tito 6:4; 2 Timoteo 3:2); y no buscar la presencia del Señor (Salmos 10:4).

Job 41 dice que las escamas del Leviatán son su orgullo. No puede entrar aire entre ellas. El aire representa al espíritu, y una de las manifestaciones del orgullo es la incapacidad de fluir en el Espíritu. Leviatán intentará bloquear el flujo y las manifestaciones del Espíritu Santo en la asamblea. Las personas orgullosas pueden perturbar el fluir del Espíritu. La humildad es la clave para operar en el poder del Espíritu Santo.

Job 41 indica que Leviatán se protege con una armadura. Las personas orgullosas tienen una forma de cerrarse y esconderse detrás de las escamas del orgullo. Por eso, al atacar a Leviatán, debemos quitarle las escamas.

Job 41 continúa diciendo: "¿Te hará muchas súplicas? ¿Te hablará palabras suaves?" (v. 3 RVR1960). La oración es súplica y

Leviatán es demasiado orgulloso para suplicar. Por lo tanto, intentará bloquear la oración y atacar los ministerios de oración.

También hemos descubierto que tener sueño al orar puede estar relacionado con Leviatán. Esta es otra razón por la cual el espíritu de orgullo debe ser quebrantado. Si no eres capaz de ser persistente en tus oraciones o no tienes deseo de orar, no vencerás. Leviatán es un espíritu que rompe el pacto (Job 41:4). Muchos matrimonios han sufrido a causa de la operación de Leviatán. Un matrimonio no sobrevivirá si los cónyuges operan con orgullo y no se someten el uno al otro. Si enfrentas problemas inadmisibles en tu matrimonio, el orgullo puede ser la razón de ello.

El orgullo provoca rebelión y falta de arrepentimiento. El arrepentimiento muestra humildad y apertura a que se haga la voluntad de Dios. Muestra la concreción de su divina soberanía y sabiduría. El arrepentimiento es también una señal de que se ha recibido el propósito y el beneficio de la muerte de Cristo. Cuando nos arrepentimos, asumimos la justicia de Cristo.

La batalla con el orgullo puede ser una de las más difíciles que encontrarás. El orgullo es muy fuerte en la vida de muchas personas, por lo que se necesitará gran determinación y persistencia para vencerlo. Job 41:31 dice que Leviatán habita en lo profundo. El orgullo puede estar tan profundamente arraigado en nuestras vidas que puede ser difícil sacarlo. Pero Dios tiene el poder para herir y destruir la cabeza de Leviatán. Si estás luchando con el orgullo, el ayuno es una gran arma porque cuando ayunamos, humillamos nuestras almas.

Oraciones y declaraciones para quebrantar el espíritu orgulloso

Señor, quebranto el espíritu de soberbia para no caer y ser destruido (Proverbios 16:18). Me libero del control de Leviatán (Job 41).

Padre, castiga a Leviatán con tu feroz, grande y fuerte espada (Isaías 27:1). Que no me oprima Leviatán (Salmos 119:122).

Vengo contra toda contienda causada por el espíritu de soberbia (Proverbios 13:10).

Destruyo todo espíritu de orgullo. No me hará caer. Tendré un espíritu humilde (Proverbios 29:23).

El orgullo no me servirá de collar, ni haré gala de la violencia (Salmos 73:6).

No me hincharé de orgullo ni caeré en la misma condenación que el diablo (1 Timoteo 3:6).

Desecho el orgullo de mi vida en el nombre de Jesús. No tropezaré en mi iniquidad como Israel, Efraín y Judá (Oseas 5:5).

Desecho los temores de Leviatán y lo despojo de su armadura (Job 41:15; Lucas 11:22).

El espíritu de orgullo no me dominará. No seré desolado en el día de la reprensión (Oseas 5:9).

No venga contra mí el pie del orgulloso, ni la mano del impío me desarraigue (Salmos 36:11).

Temo al Señor; por tanto, aborrezco el mal, la soberbia, la arrogancia y el mal camino. Aborrezco la boca perversa (Proverbios 8:13).

Quebranto el espíritu de soberbia en mí, porque no es del Padre sino del mundo (1 Juan 2:16).

No seré sabio en mi propia opinión (Proverbios 26:12).

Dejaré que otro hombre y no mi propia boca me alabe, un extraño y no mis propios labios (Proverbios 27:2).

No me atrevo a catalogarme ni a compararme con los que se alaban a sí mismos. No son sabios (2 Corintios 10:12).

No respeto a los soberbios ni a los que se desvían a la mentira. Pongo en el Señor mi confianza (Salmos 40:4).

No hablaré con orgullo ni dejaré que la arrogancia salga de mi boca (1 Samuel 2:3).

ORACIONES Y DECLARACIONES DE LOS HUMILDES

Me humillaré delante del Señor y él me exaltará (Santiago 4:10).

No permitiré que el orgullo entre en mi corazón y me cause vergüenza. Seré humilde y me revestiré de sabiduría (Proverbios 11:2).

Vale más humillarse con los oprimidos que compartir el botín con los orgullosos (Proverbios 16:19).

Me humillaré bajo la poderosa mano de Dios para que él me exalte a su debido tiempo (1 Pedro 5:6).

Mi alma se gloriará en el Señor. Los humildes lo oirán y se alegrarán (Salmos 34:2).

Déjame ser como Moisés, que era muy humilde, más que todos los hombres que había sobre la faz de la tierra (Números 12:3).

No hablaré mal de nadie. Seré pacífico y manso, mostrando toda humildad a todos los hombres (Tito 3:2).

Como elegido de Dios, santo y amado, me vestiré de tierna misericordia, bondad, humildad, mansedumbre y longanimidad (Colosenses 3:12).

Buscaré al Señor. Buscaré la justicia y la humildad para estar escondido en el día de la ira del Señor (Sofonías 2:3).

Quiero ser como Cristo, que se humilló a sí mismo y se hizo obediente hasta la muerte, y muerte de cruz (Filipenses 2:8).

A través de la humildad y el temor del Señor me son dadas las riquezas y el honor y la vida (Proverbios 22:4).

Me humillaré como un niño pequeño (Mateo 18:4).

CONFIESA NUNCA MÁS

Nunca más permitiré que el orgullo (Leviatán) controle mi vida (Job 41).

Nunca más permitiré que mi corazón se endurezca (Job 41:24).

Nunca más permitiré que el poder del Espíritu Santo *deje* de fluir en mi vida. Las escamas de Leviatán han sido arrancadas de mi ser (Job 41:15).

Nunca más la terquedad controlará mi vida, porque es como la iniquidad y la idolatría. No soy testarudo (1 Samuel 15:23).

Nunca más andaré en vanidad y vanagloria (Gálatas 5:26).

Nunca más andaré en ambición egoísta (Santiago 3:14).

Nunca más hablaré con jactancia (Santiago 4:16).

Capítulo 13

ROMPE LAS CADENAS DE LOS LAZOS IMPÍOS DEL ALMA

No formen yunta con los incrédulos. ¿Qué tienen en común la justicia y la maldad? ¿O qué comunión puede tener la luz con la oscuridad?
—2 Corintios 6:14

AL YUGO DESIGUAL entre creyentes e incrédulos se le llama "lazo impío del alma". Los lazos del alma se forman como resultado de las relaciones con las personas: es cuando las almas (mentes, voluntades, emociones) de los individuos se entrelazan o se unen.

Así como hay relaciones buenas y malas, hay lazos del alma tanto piadosos como impíos. Estos últimos hacen que la persona sea manipulada y controlada por otro individuo, lo que lo lleva a vivir en desobediencia a Dios. Son vías a través de las cuales pueden operar los espíritus de control, dominación, brujería y manipulación. Por tanto, si estás vinculado a las personas equivocadas, a menudo estarás en cautiverio, aunque no lo sepas.

También hay lazos piadosos del alma, como se muestra en la amistad de David y Jonatán (1 Samuel 18:1). Los lazos impíos del alma son las falsificaciones satánicas de las buenas relaciones y uniones con personas piadosas. Los lazos impíos del alma en la Biblia incluyen los de Acab y Jezabel (1 Reyes 18); Salomón y sus esposas, que apartaron su corazón del Señor (1 Reyes 11:1-4); y el de Leví y Simeón, a quienes Dios separó porque ejercían una mala influencia mutua (Génesis 49:5-7).

Los lazos del alma harán que una persona siga a otra (Rut 1:14-16), cumpla los deseos de la otra (1 Samuel 20:4), entregue sus bienes a la otra (1 Samuel 18:4), reaccione con ira cuando la persona a la que está unida es atacada (1 Samuel 20:34), protege a la otra en tiempos de peligro (1 Samuel 20:35-40) y que sea leal a un líder (2 Samuel 20:2).

Los lazos impíos del alma se pueden forjar a través de la fornicación (Génesis 34:1-3), lo cual puede hacer que pierdas el control (2 Crónicas 18:1-6), que tus obras sean destruidas (2 Crónicas 20:35-37); pueden formarse a través de la brujería (Gálatas 3:1; 4:17) y apartan de Dios a la persona (1 Reyes 11:1-4).

Mientras que las buenas ataduras del alma te ayudan en tu caminar con Dios, los lazos impíos del alma te impiden caminar con el Señor. Los buenos lazos del alma pueden destruirse mediante la brujería (Gálatas 4:15-16). Además, hay un espíritu demoníaco que destruye los buenos lazos del alma llamado lazo destructor. También hay espíritus de amor falso que hacen que las personas que no están enamoradas se casen, formando así maléficos lazos del alma.

Los lazos impíos del alma son relaciones basadas en la lujuria, el sortilegio, la dominación y la esclavitud. Los lazos piadosos del alma son relaciones que edifican y se basan en el amor (Colosenses 2:2).

Los demonios pueden transferirse de una persona a otra a través de los lazos del alma. Los espíritus del Señor también se pueden transferir de esa manera. Por ejemplo, los lazos piadosos del alma son creados por el Señor entre un pastor y sus feligreses para ayudarlo a llevar a cabo la visión que Dios le ha dado. Los espíritus de sabiduría, conocimiento y entendimiento se transfieren a través de este lazo divino del alma.

Satanás intentará pervertir ese vínculo entre un pastor y su rebaño usando el lazo del alma para transferir espíritus de lujuria, control mental, ataduras y similares a los seguidores. Por esta razón, el pastor debe recibir la mayor liberación posible para que pueda ser un canal puro y santo a través del cual fluyan los espíritus del Señor. Los espíritus malignos en un pastor no entregado pueden transferirse a la congregación a través de sus libros, sermones, imposición de manos, etc.

Satanás también intentará pervertir este lazo de amor a través de la lujuria y otros espíritus en los miembros, haciendo que envidien o adoren al pastor. Por lo tanto, es necesario que los miembros también reciban la mayor liberación posible para evitar eso. Además, Satanás tratará de hacer que la gente se una a pastores a los que Dios no ha llamado.

Los espíritus de lujuria, control mental y brujería que operan en los pastores pueden atraer a la gente a sus ministerios. Esta atracción es demoníaca y, una vez que se forma el lazo del alma, hay una transferencia demoníaca entre el pastor y los miembros. Algunas personas necesitan liberación de los espíritus de esos pastores una vez que se ha renunciado y roto el lazo del alma.

Los lazos del alma con los ministros se vuelven impíos cuando pensamos demasiado en ellos (1 Corintios 1:12-13; 4:6). Recuerda que la liberación destruirá solo aquellas relaciones que no son de Dios. El Señor tocará el corazón de la persona para seguir y apoyar a cierto líder (1 Samuel 10:26). El hecho de que un pastor necesite liberación no significa que el Señor no te haya unido a su ministerio. La mayoría de los pastores necesitan algún tipo de liberación. El peligro viene cuando se niegan a aceptar y a someterse a la liberación. Entonces el Señor puede alejarte de uno y hacer que te sometas a otro. Sin embargo, ten cuidado con la atracción demoníaca hacia un ministro que hará que te adhieras a su ministerio.

Debemos ser especialmente perspicaces en el área de la brujería y el control mental. Dios hace que las personas se sientan atraídas a ciertos ministerios a través de la predicación del ministro (Hechos 17:33-34). Pero recuerda que Satanás también trabajará a través de un ministro para atraer a la gente usando los espíritus de *Orión* (intelectualismo), el Príncipe Azul, la Elocuencia y el Orador. Siempre debemos exaltar al Señor Jesucristo y unirnos a ÉL (Josué 23:8).

La voluntad de Dios no es que un individuo controle a otro. La verdadera libertad es ser librado de cualquier poder controlador que te impida cumplir la voluntad de Dios.

ORACIONES Y DECLARACIONES PARA
ROMPER PACTOS IMPÍOS

Aborrezco todas las relaciones que no son ordenadas por Dios; todas las relaciones que no son del Espíritu sino de la carne; todas las relaciones basadas en el control, la dominación o la manipulación; y todas las relaciones basadas en la lujuria y el engaño.

Rompo y anulo todos los pactos, juramentos y promesas impíos que he hecho con mis labios en el nombre de Jesús.

Renuncio y rompo todos los juramentos impíos hechos por mis antepasados a ídolos, demonios, religiones falsas u organizaciones impías en el nombre de Jesús (Mateo 5:33).

Rompo y anulo todos los pactos con la muerte y el infierno hechos por mis antepasados en el nombre de Jesús.

Rompo y anulo todos los pactos impíos hechos con ídolos o demonios por mis antepasados en el nombre de Jesús (Éxodo 23:32).

Rompo y anulo todos los pactos de sangre hechos a través del sacrificio que afectarían mi vida en el nombre de Jesús.

Ordeno a todos los demonios que reclaman algún derecho legal sobre mi vida a través de convenios que salgan en el nombre de Jesús.

Rompo y anulo todos los matrimonios espirituales que harían que los demonios íncubos y súcubos atacaran mi vida, en el nombre de Jesús.

Tengo un pacto con Dios a través de la sangre de Jesucristo. Estoy unido al Señor, soy un espíritu con él. Destruyo todo pacto impío y renuevo mi pacto con Dios a través del cuerpo y la sangre de Jesús.

Oraciones y declaraciones
para proteger tu alma

Padre, me comprometo a amarte con todo mi corazón, alma, mente y fuerzas (Deuteronomio 6:5).

Padre, tu Palabra nos advierte los peligros que pueden venir debido a las ataduras profundas del alma (Deuteronomio 13:6-10). Dedico mi corazón y mi alma a buscarte, Señor (1 Crónicas 22:19). Que siempre recuerde que si permito que mi alma se descuide y desarrolle un vínculo profundo con un incrédulo, podría separarme de ti.

Padre, nos adviertes que nuestras almas pueden ser atrapadas por la ira, y dices: "No te hagas amigo de gente violenta, ni te juntes con los iracundos, no sea que aprendas sus malas costumbres y tú mismo caigas en la trampa" (Proverbios 22:24-25). Guárdame de atar mi alma a la ira.

Señor, enséñame a respetar a los líderes espirituales que has puesto sobre mí, como lo has instruido en tu Palabra (Hebreos 13:17), sin pensar demasiado en ellos.

Señor, decido no estar en el consejo de los malos, ni estar en el camino de los pecadores, ni sentarme en la silla de los escarnecedores, sino deleitarme en tu ley y meditar en ella día y noche (Salmos 1:1-3).

Capítulo 14

ROMPE LAS CADENAS DE LA BRUJERÍA Y LA ESCLAVITUD OCULTISTA

No os volváis a los encantadores ni a los adivinos; no los consultéis, contaminándoos con ellos. Yo Jehová vuestro Dios.

—LEVÍTICO 19:31 RVR1960

L A BRUJERÍA SE manifiesta cuando una persona o un grupo de ellas controla o domina el alma de otra mediante un poder que no es el del Espíritu Santo. El Espíritu Santo no quiere controlarnos ni dominarnos nunca. La brujería se expone en una variedad de formas, incluida la hechicería, la adivinación, la intimidación y la manipulación, pero el denominador común es el mismo: el *control*. En las Escrituras, Saúl y Jezabel son ejemplos bíblicos de personas que usaron la brujería para obtener lo que deseaban.

Como explicaba el finado maestro de la Biblia Derek Prince, la brujería puede funcionar a través de muchos tipos de relaciones. "Un pastor puede tratar de controlar a los miembros de su personal o a toda su congregación. Un ejecutivo de negocios puede intimidar a sus subordinados... Las personas que habitualmente utilizan la manipulación o la amenaza para controlar a otros se exponen a la esclavitud y la influencia de un demonio de brujería. Si esto sucede, no podrán relacionarse con nadie más ajeno a esas tácticas. Ya no será solo la carne en acción, sino un poder sobrenatural que puede llevar a quienquiera que controlen a una condición de esclavitud espiritual".

Todo el reino de lo oculto se esconde bajo el paraguas de la brujería. Esto incluye religiones falsas, adivinación, nueva era, percepción extrasensorial, astrología, hipnosis, religiones orientales, masonería, telepatía y quiromancia. Todas estas son manifestaciones del lado rebelde de la personalidad de doble ánimo.

La palabra *oculto* significa algo no revelado, secreto o misterioso. La implicación en el ocultismo da bases legales para que los demonios operen. Se debe renunciar a la participación oculta pasada y presente para recibir la liberación (Hechos 19:18-19). La participación oculta incluye lo siguiente:

- adivinación, lectura de la palma de la mano, mirar la bola de cristal, lectura de cartas, lectura de hojas de té, análisis de escritura manual, juegos de ocultismo, percepción extrasensorial, telepatía, cábala
- horóscopos, clarividencia, vudú, péndulos, astrología (o cualquier cosa que prediga tu futuro), lectores y asesores
- prácticas mágicas y espiritismo, médiums y sesiones de espiritismo, levitación, nigromancia, comunicación con los muertos o guías espirituales, escritura automática, adivinación o radiestesia con palos en forma de horquilla u otros objetos para obtener agua, aceite, minerales y otros
- poderes psíquicos, hipnosis, autohipnosis, auras, metafísica, trances, visiones, sueños, superstición
- brujería, magia negra, amuletos, objetos de buena suerte, hechizos, fetiches, amuletos, talismanes, *ankh*, magia, encantamientos, pociones, hechicería, maldiciones.

Los santos pueden caer bajo el poder de la brujería cuando se dejan controlar por falsos maestros, pastores u otros pares. Muchos pastores usan la manipulación y actúan como señores de la herencia de Dios (1 Pedro 5:3). Un esposo que somete a su esposa, una esposa que controla a su esposo, pastores que dominan el rebaño y organizaciones que subyugan y controlan las almas de las personas, todas pueden ser modalidades de brujería.

Las personas que han sido dominadas por otros necesitan liberación de los espíritus de brujería. Aquellos que tienen espíritus controladores y dominantes también necesitan arrepentirse y recibir liberación. (Debido a que Jezabel era conocida por sus hechicerías, manipulación y control, las oraciones para romper el poder de la brujería incluyen oraciones contra el espíritu de Jezabel.) Mientras los creyentes caminen en santidad y permanezcan bajo la protección de la sangre de Jesús, no deben temer a la brujería.

Oraciones y declaraciones para romper el poder de la brujería

Reprendo y ato los espíritus de hechicería, lujuria, seducción, intimidación, idolatría y prostitución.

Padre, en el nombre de Jesús soy libre de toda hechicería, adivinación, encantamiento, herencia psíquica, rebelión, toda confusión, enfermedad, muerte y destrucción como resultado de participar en el ocultismo.

Reprendo a todos los espíritus de falsa enseñanza, de falsa profecía, de idolatría y de perversión.

Reprendo el espíritu de Jehú contra Jezabel y sus cortes (2 Reyes 9:30-33).

Ato y rompo los poderes de cada palabra lanzada por Jezabel contra mi vida.

Reprendo y me libero de todas las maldiciones de Jezabel y los espíritus de Jezabel que operan en mi linaje.

Destruyo el espíritu de Jezabel para corromper la iglesia.

Vengo contra el espíritu de Herodías y destruyo la intención de matar a los profetas (Marcos 6:22-24).

Reprendo y destruyo a Jezabel y sus brujerías en el nombre de Jesús (2 Reyes 9:22).

Reprendo y extermino a la ramera y maestra de hechicería; destruyo su poder sobre mi vida y mi familia (Nahúm 3:4).

ORACIONES Y DECLARACIONES PARA ANULAR PACTOS IMPÍOS

Rompo y anulo todos los pactos, juramentos y promesas impíos que he hecho con mis labios en el nombre de Jesús.

Renuncio y destruyo todos los juramentos impíos hechos por mis antepasados a ídolos, demonios, religiones falsas u organizaciones impías en el nombre de Jesús (Mateo 5:33).

Destruyo y anulo todos los pactos con la muerte y el infierno hechos por mis antepasados en el nombre de Jesús.

Rompo y anulo todos los pactos de sangre hechos a través del sacrificio que afectarían mi vida en el nombre de Jesús.

Ordeno a todos los demonios que reclaman algún derecho legal sobre mi vida a través de convenios que salgan en el nombre de Jesús.

Rompo y anulo cualquier pacto hecho con dioses falsos y demonios a través de involucramiento oculto y brujería en el nombre de Jesús.

Rompo y anulo todos los matrimonios espirituales que harían que los demonios íncubos y súcubos atacaran mi vida en el nombre de Jesús.

Tengo un pacto con Dios a través de la sangre de Jesucristo. Estoy unido al Señor, y soy un espíritu con él. Rompo todos los pactos impíos y renuevo mi pacto con Dios a través del cuerpo y la sangre de Jesús.

Capítulo 15

ROMPE LAS CADENAS DE LA CONFUSIÓN Y EL CONTROL MENTAL

Porque cual es su pensamiento en su corazón, tal es él.
—Proverbios 23:7 RVR1960

E L CONTROL MENTAL es un espíritu muy importante en el arsenal de Satanás. Es un espíritu común que ha sido identificado con el nombre de "Pulpo". Esto se debe a que los espíritus de control mental pueden parecerse a un pulpo o calamar, con tentáculos que agarran y controlan la mente. La liberación del control mental libra a la persona de la presión mental, el dolor mental, la confusión y el tormento mental.

La mente siempre ha sido un blanco favorito del enemigo. Eres como piensas. Si el diablo puede controlar tus pensamientos, puede controlar tu vida.

Las personas pueden recibir espíritus de control mental a través de la música (rock, jazz, disco y similares), la meditación, la lectura de ciertos libros, las drogas y el alcohol (o cualquier cosa que altere la mente y derribe muros, Eclesiastés 10:8), la pasividad, el control por otra persona, la exposición de la mente a falsas enseñanzas, la psicología, la pornografía, etc.

Los espíritus de control mental también se pueden heredar. Tienen tentáculos y se asemejan a criaturas como el pulpo y el calamar. Los dolores de cabeza por migraña son causados por espíritus de control mental. El control mental funciona con la locura, la enfermedad mental, la esquizofrenia, el intelectualismo y una multitud de otros espíritus que operan en la mente.

El control mental también le da a la persona la capacidad de controlar la mente de otra. Muchos pastores y líderes de iglesias tienen espíritus de control mental muy poderosos. Los falsos maestros y las sectas también usan el control mental para mantener a la gente atada a ellos.

Esos espíritus aborrecen la unción de la frente con aceite, lo cual es útil para atarlos. También a veces es necesario ungir la parte superior, la espalda y los lados (sienes) de la cabeza. Otros espíritus que atacan la mente incluyen el colapso mental, los espíritus que atan y ligan la mente, la locura, la manía, la fantasía, las malas ideas y los pensamientos negativos. Todos ellos son lo que llamo "pensamientos pestilentes".

Cuando una persona recibe la liberación del control mental, puede pensar con claridad, algunos por primera vez en sus vidas. Al atacar el control mental, acércate a los tentáculos pidiéndole al Señor que envíe ángeles para cortarlos.

ORACIÓN CONTRA LOS ESPÍRITUS
QUE CONTROLAN LA MENTE
Pon tu mano en tu frente y declara:

En el nombre de Jesús, tomo autoridad sobre todos los espíritus que atacan mi mente. En el nombre de Jesús, libero mi mente de todos los espíritus de control, confusión, atadura mental, locura, fantasía, pasividad, intelectualismo, bloqueo del conocimiento, ignorancia, ligadura mental, lujuria y malos pensamientos. Mi mente pertenece a Dios. Cubro mi mente con la sangre de Jesús. Reprendo todos los pensamientos impuros de mi mente. Derribo "argumentos y toda altivez que se levanta contra el conocimiento de Dios, y llevando cautivo todo pensamiento a la obediencia a Cristo" (2 Corintios 10:5). Dejo que pensamientos puros, santos y limpios entren en mi mente en el nombre de Jesús. Amén.

ORACIÓN PARA DESATAR TU VOLUNTAD
Padre, en el nombre de Jesús, desato todo control de mi voluntad, toda dominación y manipulación de Satanás, sus demonios y otras personas. Libero mi voluntad de

toda lujuria, rebelión, terquedad, soberbia, obstinación, egoísmo y espíritus rebeldes que bloquean y perturban mi voluntad. Rompo y me libero de todas las cadenas alrededor de mi voluntad, y someto mi voluntad a la voluntad de Dios. Amén.

Oración por un nuevo corazón

Padre celestial, te agradezco por el corazón nuevo y el espíritu nuevo que pusiste dentro de mí. Guardaré mi corazón. Protegeré mi mente. Guardaré mis pensamientos. No entretendré pensamientos impuros o insensatos. No permitiré que se planten en mi mente y echen raíces en mi corazón. Satanás, te ato. No permitiré que pongas inmundicia y perversión en mi corazón. Mantengo mi corazón limpio. Gracias, Señor, por librarme de todo espíritu inmundo que trate de operar en mi corazón. Ato y reprendo toda impureza de mi mente y de mi corazón en el nombre de Jesús.

Capítulo 16

ROMPE LAS CADENAS DEL ESPÍRITU RELIGIOSO

En la cátedra de Moisés se sientan los escribas y los fariseos. Así que, todo lo que os digan que guardéis, guardadlo y hacedlo; mas no hagáis conforme a sus obras, porque dicen, y no hacen. Porque atan cargas pesadas y difíciles de llevar, y las ponen sobre los hombros de los hombres; pero ellos ni con un dedo quieren moverlas.
—MATEO 23:2-4 RVR1960

EL ESPÍRITU RELIGIOSO es uno de los demonios más tenaces que he encontrado. Está conectado con el orgullo y hace que las personas rechacen el cambio y el crecimiento. A medida que crecemos en Dios, aumenta nuestra revelación de Dios. Pero el espíritu religioso hace que la gente se aferre tozudamente a enseñanzas que no son de Dios. El espíritu religioso hace que las personas sean algunas de las más tercas que jamás hayas conocido.

Es difícil instruir a aquellos a quienes se les ha enseñado de cierta manera toda su vida. Pero todos tenemos que cambiar. No podemos aferrarnos tenazmente a enseñanzas que son contrarias a las Escrituras. Debemos ser lo suficientemente humildes para admitir que no lo sabemos todo. He tenido que cambiar muchas cosas en mi vida en los últimos años de ministerio. Hay cosas con las que tuve que enfrentarme que incluso prediqué, que lucían bien pero que no eran realmente precisas, y tuve que modificarlas porque Dios me dio más luz y comprensión. Todos estamos creciendo y aprendiendo. Todos tenemos que cambiar.

Hay muchas manifestaciones diferentes de espíritus religiosos. Lo difícil es poder reconocer ese espíritu en tu propia vida. Las personas atadas por un espíritu religioso tienden a juzgar a los demás y no a considerar con seriedad su propia condición pecaminosa. Las siguientes son formas de detectar espíritus religiosos.

- El vehículo para la adoración y la gracia que se convierte en el objeto y foco de nuestra atención y adoración, como el bautismo, la Cena del Señor, los dones espirituales y ciertas liturgias y formas de adoración.

- Los escritos de la Iglesia o las explicaciones de las Escrituras que se vuelven tan importantes como (y gradualmente más relevantes que) las Escrituras mismas, y aquellos que han escrito, estudiado o entendido esas enseñanzas son a su vez exaltados.

- Búsquedas elevadas o experiencias sobrenaturales calificadas como procedentes de Dios.

- Personas religiosas que siempre operan en un modo anímico, confundiéndolo con el Espíritu, y creen que cualquier cosa emocionalmente cargada con matices espirituales es de Dios.

- Temor ante cualquier cosa emocional y la insistencia en que la religión se mantenga en un plano mental seguro pero elevado.

- Ciertos rituales, ritos, métodos, prácticas o fórmulas de la iglesia se convierten en ley y se insiste en ellos, como la forma de vestir, alabar y confesar.

- Edificación de muros doctrinales y elevación de cargos y oficios en el cuerpo de Cristo, lo que conduce a la separación, el orgullo y la exclusividad.

- El liderazgo que se vuelve dominante y controlador, insistiendo en una sumisión fuerte (a menudo incuestionable) porque ellos son los que van a escuchar del Señor.

Si el Señor te ha dado la gracia de ver que sufres con este espíritu, comienza a ayunar y a orar para liberarte de una vez por todas. Los espíritus religiosos pueden ser extremadamente tercos, pero se pueden doblegar.

ORACIONES Y DECLARACIONES PARA QUEBRANTAR
EL PODER DEL ESPÍRITU RELIGIOSO

Ato y reprendo todo espíritu de juicio, orgullo e indisciplina en el nombre de Jesús.

Ato y expulso todo espíritu de control y posesividad en el nombre de Jesús.

No voy a pensar de mí mejor de lo que debo pensar. Pero me mantendré sobrio (Romanos 12:3).

Quito los espíritus religiosos de los lugares altos (2 Reyes 23:8).

Destruyo todo yugo y carga de religión y legalismo puestos en mi vida por líderes religiosos en el nombre de Jesús (Mateo 23:4).

Ordeno a todos los espíritus religiosos de duda, incredulidad, error, herejía y tradición que entraron a través de la religión que salgan en el nombre de Jesús.

Ato y expulso todos los espíritus de obstinación, egoísmo y terquedad en el nombre de Jesús.

Ato y echo fuera el espíritu de acusación en el nombre de Jesús.

Ordeno a todos los espíritus de orgullo, terquedad, desobediencia, rebelión, obstinación, egoísmo y arrogancia que salgan de mi voluntad en el nombre de Jesús.

Ato y expulso a todos los espíritus de control mental tipo pulpo y calamar en el nombre de Jesús.

Capítulo 17

ROMPE LAS CADENAS DE LA DEPRESIÓN

Que el Dios de la esperanza los llene de toda alegría y paz a ustedes que creen en él, para que rebosen de esperanza por el poder del Espíritu Santo.

—ROMANOS 15:13

E N LA ACTUALIDAD, la depresión está en su punto más alto. Multitudes de personas sufren episodios de depresión y muchas de ellas están siendo medicadas. La depresión puede hacer que el individuo desee escapar de su realidad, lo que puede provocar letargo y abuso de alcohol y drogas. Incluso puede llevar a las personas a la desesperanza y al suicidio. Además, muchos están siendo tratados por depresión maníaca (trastorno bipolar).

En la Biblia, la tristeza y la depresión están relacionadas con un espíritu de pesadumbre. Este espíritu también se manifiesta como abatimiento, desesperación, desánimo y desesperanza. La retirada y el aislamiento también son indicaciones de ese espíritu. Entrar y salir de la depresión es una señal de doble ánimo.

PONTE EL MANTO DE ALABANZA

La presencia del Esposo causa alegría. Ningún creyente puede tener una vida victoriosa sin la presencia del Esposo. El gozo del Señor es nuestra fortaleza (Nehemías 8:10). La depresión, o lo que la Biblia llama espíritu de pesadumbre, es lo opuesto al gozo del Señor.

Isaías profetizó que Dios nos daría "manto de alegría en lugar del espíritu angustiado" (Isaías 61:3 RVR1960). La alabanza y la adoración son armas poderosas contra la depresión. La alabanza y la adoración atarán y confundirán al enemigo. Los espíritus gobernantes están atados mientras ministramos al Señor en alabanza y adoración. La alabanza y la adoración también disuaden al espíritu de una persona atada a desear la liberación. La alabanza y la adoración abren la puerta al flujo profético, que es la Palabra de Dios revelada que trae luz, aliento y dirección a la vida del creyente.

Satanás odia la música ungida. Hace todo lo que está a su alcance para corromperla. La música ungida puede mover la mano de Dios (2 Reyes 3:15) así como traer refrigerio y liberación (1 Samuel 16:23). La adoración precedió a la apertura de los sellos en el cielo (Apocalipsis 5—6). Algunas cosas no se liberan hasta que hay adoración. La adoración abre cosas que han sido selladas. El Libro de Apocalipsis nos muestra un patrón de lo que se nos libera en la sala del trono cuando adoramos. ¡Dios abre los sellos! Y lanza juicios futuros sobre la tierra. A medida que adoras, él se venga de los enemigos que te han estado resistiendo como hijo amado de él.

Dios se entronizará en nuestra alabanza y nuestra adoración a él. Tanto los principados como las potestades serán subyugados a través de sus justos juicios. Los salmos están llenos de referencias a los juicios de Dios. Así que entre tanto adoramos, habrá juicios contra la brujería, la idolatría, el ocultismo, la perversión, la religión falsa, la pobreza, el pecado y cosas por el estilo.

No hay sustituto para una vida de alabanza y adoración. La adoración es una forma de alcanzar y tocar el corazón de Dios. A medida que te elevas en adoración pura, serás como las multitudes en los días de Jesús que lo tocaban y "eran sanados" (Mateo 14:36).

No tienes que quedarte atado por tus emociones ni bloqueado por ellas. Declara tu libertad sobre la depresión en el nombre de Jesús y deja que el gozo del Señor sea tu fortaleza.

Oraciones y declaraciones para destruir los espíritus opresivos

Reprendo y expulso a cualquier espíritu que intente oprimirme en el nombre de Jesús.

Libero mis emociones de todo espíritu maligno que haya entrado como resultado de experiencias pasadas.

Me libero de todo dolor, dolencia profunda, padecimiento, tristeza, malestar, ira, odio, rabia, amargura, miedo y todas las emociones que me atan y me bloquean. Ordeno a estos espíritus que salgan y decreto libres a mis emociones en el nombre del Señor Jesucristo.

Nunca más seré oprimido, porque rechazo la opresión (Isaías 54:14).

Nunca más estaré deprimido.

Nunca más seré afligido ni atormentado por demonios, porque he sido liberado del poder de las tinieblas y trasladado al reino del amado Hijo de Dios (Colosenses 1:13).

Me cubro con el manto de alabanza para derrotar al espíritu de tristeza (Isaías 61:3). El gozo del Señor es mi fortaleza (Nehemías 8:10).

Elevo mi voz con resonante alegría (1 Crónicas 15:16).

Estoy gozoso y con el corazón contento por el bien que el Señor ha hecho por mí (2 Crónicas 7:10).

Jesús, tú anduviste haciendo el bien y sanando a todos los oprimidos por el diablo (Hechos 10:38). Recibo mi sanidad ahora en el nombre de Jesús.

Despojo todo poder de los espíritus que quisieran oprimirme (Eclesiastés 4:1).

Reprendo y echo fuera todo espíritu de pobreza que desee oprimirme (Eclesiastés 5:8).

Reprendo a todos los espíritus de locura y confusión que intenten oprimir mi mente en el nombre de Jesús (Eclesiastés 7:7).

Líbrame de los opresores que buscan mi alma (Salmos 54:3).

Haz añicos al opresor (Salmos 72:4).

Reprendo y echo fuera todo espíritu de aflicción, tristeza y cualquier cosa que intente abatirme en el nombre de Jesús (Salmos 107:39).

Reprendo la voz del opresor en el nombre de Jesús (Salmos 55:3).

Me establezco en la justicia y estoy lejos de la opresión (Isaías 54:14).

Castiga a los que intentan oprimirme (Jeremías 30:20).

El enemigo no tomará mi herencia con opresión (Ezequiel 46:18).

Padre, ejecuta juicio contra mis opresores (Salmos 146:7).

La paz de Dios reina en mi corazón (Colosenses 3:15).

Jesús es mi Jehová Shalom, mi prosperidad y mi paz. Caminaré en paz y alegría todos los días de mi vida.

Veré el bien, amaré la vida y tendré muchos días buenos.

Capítulo 18

ROMPE LAS CADENAS DE LA IDOLATRÍA

Han surgido hombres perversos que descarrían a la gente y le dicen: "Vayamos a rendir culto a otros dioses", dioses que ustedes no han conocido.
—DEUTERONOMIO 13:13

Esta es la primera mención de Belial en la Palabra de Dios (en otras versiones antiguas). El Señor identifica a aquellos hombres perversos que descarrían a la gente para servir a otros dioses como "hijos de Belial".

Los hijos de Belial estaban bajo el control de Belial y estaban siendo usados para alejar al pueblo de Dios de él con el objeto de que sirvieran a otros dioses. Es interesante notar que el término *ídolo* es el vocablo hebreo *'eliyl,* que significa "de nada, bueno para nada, sin valor". Esto puede resumirse en una palabra: inútil. Así que Belial, que significa inutilidad, trata de desviar a las personas para que sigan algo que no tiene valor. Los ídolos no valen nada; no tienen valor y no pueden satisfacer nada. Hay un principio de estudio bíblico que llamamos la ley de la primera mención. Este dice que cada vez que el tema de una palabra en particular se menciona por primera vez en la Biblia, hay algunos elementos importantes que se encontrarán con respecto a ese tema o término. El primer principio que vemos en relación con Belial es que intenta alejar a la gente de la adoración al Dios verdadero. Bajo Belial hay espíritus que seducen a las personas y las alejan del Señor.

Belial también está asociado con la impureza. Según Gálatas 5:19, la impureza es obra de la carne. No debemos permitir que la inmundicia se nombre entre nosotros, como santos, ni una sola vez (Efesios 5:3). Dios no nos ha llamado a practicar la inmundicia sino la santidad (1 Tesalonicenses 4:7). Estos tres versículos relacionan la inmundicia con la fornicación. *Fornicación* proviene de la palabra griega *porneia*, que significa prostitución, adulterio, incesto e idolatría.

Los corintios habían salido de un estilo de vida idolátrico. Pablo los exhortó, en 2 Corintios 6:17, a que se separaran por completo de su estilo de vida antiguo y no tocaran cosas inmundas. La versión bíblica de Knox afirma, en cuanto a 2 Corintios 6:17, que: "Ni siquiera toquéis lo inmundo".

Como creyentes, no debemos tocar lo inmundo. Hay espíritus asquerosos apegados a lo inmundo. La palabra inmundo se define como algo que es sucio y repugnante. La idolatría es inmunda, esta se considera prostitución espiritual y adulterio. Es apartarse del Señor y romper el pacto. Como pueblo del Señor, debemos mantenernos alejados de todo lo que es impuro o inmundo. Según 2 Corintios 7:1, debemos "limpiarnos de toda contaminación de carne y de espíritu, perfeccionando la santidad en el temor de Dios". Debemos desprendernos de la influencia de Belial si queremos tener una vida que agrade a Dios. Por tanto, ¡debemos atar al hombre fuerte —Belial— y destruir sus cosas!

Oraciones y declaraciones para destruir el poder de la idolatría

Renuncio a toda idolatría en mi descendencia y destruyo todas las maldiciones idolátricas en el nombre de Jesús (2 Reyes 21:21).

Que cualquier ídolo en mi vida o nación sea destruido y quemado con tu fuego (1 Reyes 15:13).

Señor, destruye todos los ídolos de la tierra (2 Crónicas 34:7).

Que los espíritus familiares, los magos y los ídolos sean echados de la tierra (2 Reyes 23:24).

Sean avergonzados los ídolos y quebrantadas las imágenes (Jeremías 50:2).

Señor, saca de la tierra los nombres de los ídolos (Zacarías 13:2).

Me guardaré de los ídolos (1 Juan 5:21).

Señor, expón todos los ídolos como vanidades engañosas (Zacarías 10:2).

Renuncio a toda codicia; no serviré al dios de las riquezas (Colosenses 3:5).

Caiga Babilonia, la madre de las rameras y de las abominaciones de la tierra, en el nombre de Jesús (Apocalipsis 17:5).

Sean abolidos los ídolos en mi país y en todas las naciones (Isaías 2:18).

Rocíame con agua limpia y límpiame de toda inmundicia y de todo lo que tenga que ver con ídolos (Ezequiel 36:25).

No permitas que me desvíe tras ningún ídolo (Ezequiel 44:10).

Que todos los dioses e ídolos falsos (incluidos los humanos) sean eliminados de mi vida en el nombre de Jesús.

No pondré dioses ajenos delante de ti Señor (Éxodo 20:3).

Capítulo 19

ROMPE LAS CADENAS DE LA ENFERMEDAD

*Y cuando llegó la noche, trajeron a él muchos endemoniados; y con la
palabra echó fuera a los demonios, y sanó a todos los enfermos.*
—MATEO 8:16 RVR1960

LOS DEMONIOS DESEAN morar en cuerpos y considerarlos su habitación. Debido a que los espíritus de la enfermedad se alojan en diferentes partes del cuerpo, la sanidad física puede vincularse directamente con la liberación. De hecho, muchas veces los espíritus de enfermedad deben ser expulsados antes de que pueda llevarse a cabo la curación. Vemos esto en el siguiente relato del Evangelio de Lucas.

Y había allí una mujer que desde hacía dieciocho años tenía espíritu de enfermedad, y andaba encorvada, y en ninguna manera se podía enderezar. Cuando Jesús la vio, la llamó y le dijo: Mujer, eres libre de tu enfermedad. Y puso las manos sobre ella; y ella se enderezó luego, y glorificaba a Dios.
—LUCAS 13:11-13 RVR1960

Jesús liberó a esa mujer de un espíritu de enfermedad que moraba en su espalda y su columna vertebral, lo que la hizo quedar encorvada. Jesús la sanó echando el espíritu fuera de su cuerpo. Cuando las enfermedades y dolencias sean tratadas como demonios y sean expulsadas, veremos mayores manifestaciones de sanidad.

Según Hechos 10:38, la enfermedad es una opresión del diablo. La palabra *oprimido* es el vocablo griego *katadynasteuõ*, que significa ejercer dominio sobre. En otras palabras, los espíritus de enfermedad ejercen dominio sobre ciertas partes del cuerpo de la persona. Si los expulsamos, destruimos su dominio; por lo que vemos a la persona liberada y sana.

Muchos creyentes no han visto la estrecha conexión entre liberación y sanidad. Pero si estudiamos el ministerio de Jesús, lo vemos ministrando sanidad a los enfermos y echando fuera espíritus malignos.

> Al ponerse el sol, la gente le llevó a Jesús todos los que padecían de diversas enfermedades; él puso las manos sobre cada uno de ellos y los sanó. Además, de muchas personas salían demonios que gritaban: "¡Tú eres el Hijo de Dios!" Pero él los reprendía y no los dejaba hablar porque sabían que él era el Cristo.
>
> —Lucas 4:40-41

Observa que mientras Jesús estaba ministrando a los enfermos a través de la imposición de manos, los malos espíritus se manifestaban y él los echaba fuera.

> Porque había sanado a muchos; de manera que, por tocarle, cuantos tenían plagas caían sobre él. Y los espíritus inmundos, al verle, se postraban delante de él, y daban voces, diciendo: Tú eres el Hijo de Dios.
>
> —Marcos 3:10-11 RVR1960

Es evidente que, dondequiera que Jesús iba ministrando con su unción sanadora, los demonios reaccionaban y salían de los cuerpos. Los demonios odian la unción porque hace que ellos se manifiesten y los expulsa. Cuando ores por personas con enfermedades, ordena que salgan los espíritus que se esconden en el cuerpo. También puedes ordenar a los espíritus que salgan de los huesos, los músculos, las articulaciones, la sangre, los nervios y las glándulas.

Cuando Jesús anduvo por la tierra, no había nada que fuera incapaz de sanar. Cuando se fue, envió al Espíritu Santo, que obra en nosotros para que tengamos la plenitud de la salvación que

Jesús pagó en la cruz. Lo que era bueno para la gente entonces lo es para nosotros ahora porque Jesús es el mismo ayer, hoy y siempre (Hebreos 13:8). Dios no cambia (Malaquías 3:6). No hay sombra de variación ni cambio alguno en él (Santiago 1:17). Debido a la fidelidad de Dios, podemos confiar en que, si sanó en esos tiempos, sanará hoy.

La sanidad está a nuestra disposición todo el tiempo. Es sorprendente que algunos cristianos crean que Dios enferma a su pueblo o que permite que se enfermen. Dios no enferma a su pueblo. Jesús murió para que fuéramos sanos. Sin embargo, creo que puede haber momentos en los que Dios permita la enfermedad, especialmente por rebelión o desobediencia. Pero el pueblo de Dios puede esperar vivir en salud y ser sanado de todas las enfermedades a causa de lo que Jesús hizo en la cruz. Eso viene con las señales. (Ver Marcos 16:17-18.) Por lo tanto, no solo debe esperar ser sanado, sino también saber que debe transmitir esa sanidad a todos los que lo rodean. Esa es la verdadera vida del reino.

Ve a la raíz del asunto

Algunas personas están plagadas de demonios generacionales que se manifiestan en enfermedades como la diabetes, la presión arterial alta, ciertas afecciones cardíacas y más. Si hay una maldición generacional que está activando la enfermedad en tu cuerpo, debes saber que debido a que Jesús fue hecho maldición por nosotros, puedes decirle al diablo que él no te afligirá con esa enfermedad en tu cuerpo. Así que puedes declarar: "No me importa si mi madre, mi abuela o mi bisabuela tuvieron esta enfermedad; la maldición se rompe aquí. La quebranto en el nombre de Jesús". Levántate y usa tu autoridad y di: "Mi cuerpo ha sido bendecido con sanidad, en el nombre de Jesús".

Al orar contra los espíritus de enfermedad, debes llegar a la raíz. Recuerda, el enemigo a menudo trabaja con muchos espíritus para traer destrucción a la vida de la persona. Espíritus como la amargura, la falta de perdón, la ira, el dolor, la pena y la tristeza pueden abrir la puerta a la enfermedad y la dolencia.

Belial tiene una multitud de espíritus de males y enfermedades que operan bajo su mando. Dondequiera que haya inmoralidad, habrá enfermedad y dolencia. Estas son maldiciones que caen sobre los perversos y desviados. Recuerda, Belial desea atraer a la gente al pecado, la inmoralidad y la perversión para traer maldiciones sobre la nación. Si estás luchando contra una enfermedad crónica, comienza a tomar autoridad sobre ella. Empieza a ordenar que salgan esos espíritus de enfermedad, dolencia, muerte prematura y destrucción. Ordena que se vayan. Usa tu poder y tu autoridad para expulsar esos demonios, porque necesitas caminar en salud, sanidad y plenitud. Tu cuerpo, alma y espíritu están conectados. Por tanto, si tienes un problema en tu alma, tu mente, tu voluntad o tus emociones en los que los demonios pueden hacer su morada o residir, eso afectará tu cuerpo físico. En otras palabras, las personas que tienen problemas demoníacos en su mente, por ejemplo, pueden comenzar a tener complicaciones físicas, puesto que constituyen un solo cuerpo.

Por eso es importante que recibamos liberación y caminemos en libertad incluso antes de enfermarnos. Créele a Dios por tu sanidad. Cree en Dios por tu plenitud y trata con las causas fundamentales de la enfermedad y la dolencia.

ORACIONES Y DECLARACIONES POR LA SALUD Y LA SANIDAD

Viviré, no moriré y proclamaré el nombre del Señor (Salmos 118:17).

Señor, tú sanas todas mis enfermedades (Salmos 103:3).

Jesús, sol de justicia, levántate y tráeme sanidad en tus alas (Malaquías 4:2).

Prospero y ando en salud, así como prospera mi alma (3 Juan 2).

Soy sanado por las llagas de Jesús (Isaías 53:5).

Jesús llevó mis enfermedades y mis dolencias (Mateo 8:17).

Echo fuera todo espíritu de enfermedad que ataque mi cuerpo en el nombre de Jesús.

Quebranto, reprendo y echo fuera cualquier espíritu de cáncer que intente establecerse en mis pulmones, huesos, pecho, garganta, espalda, columna vertebral, hígado, riñones, páncreas, piel o estómago en el nombre de Jesús.

Reprendo y expulso todo espíritu que cause diabetes, presión arterial alta, presión arterial baja, ataque cardíaco, derrame cerebral, insuficiencia renal, leucemia, enfermedad sanguínea, problemas respiratorios, artritis, lupus, Alzheimer o insomnio en el nombre de Jesús.

Declaro sanidad y fortaleza sobre mis huesos, músculos, articulaciones, órganos, cabeza, ojos, garganta, glándulas, sangre, médula, pulmones, riñones, hígado, bazo, columna vertebral, páncreas, ojos, vejiga, oídos, nariz, senos paranasales, boca, lengua y pies en el nombre de Jesús.

Me libero de todos los ataques al corazón arraigados en el miedo, y ordeno a todo espíritu de miedo que se vaya en el nombre de Jesús (Lucas 21:26).

Me libero de todo cáncer arraigado en la amargura, la falta de perdón, el resentimiento y la lengua calumniadora, y ordeno que todos esos espíritus salgan en el nombre de Jesús.

Me libero del lupus arraigado en el autorrechazo, el odio a mí mismo y la culpa, y expulso esos espíritus en el nombre de Jesús.

Me libero de toda esclerosis múltiple arraigada en el odio a mí mismo, la culpa y el rechazo paterno, y expulso a esos espíritus en el nombre de Jesús.

Me libero de la artritis reumatoidea enraizada en el odio a mí mismo y la baja autoestima, y ordeno a esos espíritus que salgan en el nombre de Jesús.

Me libero del colesterol alto que está arraigado en la ira y la hostilidad, y ordeno a esos espíritus que salgan en el nombre de Jesús.

Me libero de todos los problemas de sinusitis arraigados en el miedo y la ansiedad, y ordeno a esos espíritus que salgan en el nombre de Jesús.

Me libero de toda presión arterial alta arraigada en el miedo y la ansiedad, y ordeno a esos espíritus que salgan en el nombre de Jesús.

Me libero del asma arraigado en el miedo a las relaciones en el nombre de Jesús.

Me libero de un sistema inmunológico debilitado que está enraizado en un espíritu o corazón quebrantado, y ordeno a esos espíritus que salgan en el nombre de Jesús.

Me libero de toda embolia arraigada en el autorrechazo, la amargura y el odio a mí mismo, y ordeno a esos espíritus que salgan en el nombre de Jesús.

Me libero de todas las enfermedades de los huesos arraigadas en la envidia y los celos, y ordeno a esos espíritus que salgan en el nombre de Jesús (Proverbios 14:30).

Perdóname, Señor, por permitir que el miedo, la culpa, el autorrechazo, el odio a mí mismo, la falta de perdón, la amargura, el pecado, el orgullo o la rebelión abran la puerta a cualquier enfermedad o dolencia. Renuncio a esas cosas en el nombre de Jesús.

Capítulo 20

ROMPE LAS CADENAS DEL ESTANCAMIENTO

Cuando yo era niño, hablaba como niño, pensaba como niño, razonaba como niño; cuando llegué a ser adulto, dejé atrás las cosas de niño.

—1 Corintios 13:11

L AS PERSONAS QUE han sido rechazadas, sobre todo en los primeros años de su vida, casi siempre se estancan mental y emocionalmente en el momento en que ocurrió el primer rechazo significativo. Muchas veces siguen siendo infantiles en la manera en que entienden la vida, en la forma de procesar las emociones y en su comportamiento hacia los demás, mostrándose a menudo como egoístas y egocéntricos. Es como si se hubieran congelado en el tiempo. Eso se llama estancamiento o desarrollo estancado.

El estancamiento es un espíritu que hace que una persona permanezca en una condición infantil e inmadura. Este espíritu es un mago del control mental; todo lo que hace sucede en la mente. Su objetivo es la regresión de los trece años a cero y, por cada año que retrocede, manifiesta un espíritu distinto. Hay un demonio diferente asignado a cada edad, y cada uno de los cuales tienen una tarea específica (por edad).

Este espíritu opera a la inversa, su principal objetivo es detener el crecimiento de la persona (tanto espiritual como físico). Otro de los objetivos de este espíritu es llevar a la persona de regreso a la posición en el útero y estrangularla hasta que muera. Muchas personas que experimentan asfixia en el estado de sueño pueden estar lidiando con ese espíritu. Incluso si su tarea de asfixiar a alguien no se completa, abre la puerta a los espíritus del terror nocturno, la pesadilla (Mare) y el miedo a la oscuridad.

Al espíritu de desarrollo estancado le gusta avergonzar a la persona en todo momento manifestando personalidades de diferentes

96

edades, haciendo así que las palabras o consejos inmaduros de otro individuo sean una realidad aceptada y hagan que la persona piense que no puede confiar en sí misma para tomar decisiones maduras.

Este espíritu también trabaja con sus compañeros especializados en doble ánimo y perversión. Este demonio puede tratar de crear diseños para la vida de una persona organizando eventos en que ocurran violación e incesto, promoviendo la entrada de espíritus de rechazo, homosexualidad, dolor, miedo, esquizofrenia, incapacidad para dar o recibir amor, aislamiento y odio hacia hombres o mujeres.

Otra cosa que establece este espíritu es el escape a través de las drogas y el alcohol. También funciona fuertemente con Acab, Jezabel y los espíritus de prostitución para mantener a las personas deprimidas e insatisfechas con sus vidas a fin de que retrocedan a sus años de infancia más felices mientras el espíritu trabaja para evitar que se desarrollen mentalmente.

La Palabra de Dios dice en 1 Corintios 13:11: "Cuando yo era niño, hablaba como niño, pensaba como niño, razonaba como niño; cuando llegué a ser adulto, dejé atrás las cosas de niño". Este versículo señala tres estados definidos en los que el espíritu de estancamiento trata de mantener a la persona: 1) hablar como un niño, 2) entender como un niño y 3) pensar como un niño.

La Palabra de Dios nos enseña que la vida y la muerte están en poder de la lengua. Observa que Pablo separa y distingue las cosas que hablan los niños y las que hablan los adultos. Como santos maduros de Dios debemos proclamar la sabiduría (cosas maduras) de la Palabra. Hebreos 5:12-14 nos dice que nuestro entendimiento debe madurar.

Si no se cuestiona el espíritu de desarrollo estancado, la persona nunca pasará de la etapa infantil de la vida. Los adultos que todavía juegan con juguetes y coleccionan muñecas están manifestando las características de los niños. Este podría ser el espíritu de estancamiento que se manifiesta a través de la fantasía y el escape de la realidad, otros espíritus que surgen del rechazo.

Bajo el control de ese espíritu, las personas son incapaces de ser ellas mismas, personas que Dios creó para mostrar su gloria. No hay llamado, propósito ni destino que pueda sostenerse mientras una persona es controlada por este demonio.

Oración para reprender el estancamiento

Pon tu mano en tu frente y declara:

En el nombre de Jesús, tomo autoridad sobre todo control mental y todo espíritu que ataque mi mente. En el nombre de Jesús ato y reprendo el espíritu de estancamiento. Mi mente pertenece a Dios. Cubro mi mente con la sangre de Jesús. Cuando era niño, pensaba como niño y hablaba como niño. Pero ahora que soy adulto, dejo las cosas de niño. Ya no bebo leche, sino que participo de la carne de tu Palabra. Declaro madurez sobrenatural para mi mente y mis emociones. En el nombre de Jesús, ya no soy controlado por el estancamiento, sino que soy libre para ser la persona que ideaste que fuera.

Oración por restauración

Creo, Dios, en la restauración total de mi vida. Señor, conoces cada parte de mi ser. Conoces cada brecha, cada muro y cada puerta. Señor, sabes el estado de mis muros y mis puertas. Te pido ahora que restaures cualquier brecha en las diversas áreas de mi vida. Cualquiera a la que tenga acceso el enemigo, que se cierre; que se repare. Que sea restaurada.

Señor, oro para que elimines cualquier basura en mi vida. Abro mi vida al Espíritu Santo, mi consolador, mi constructor y mi ayudador. Oro por la restauración completa de cada muro y cada puerta en mi ser. En el nombre de Jesús, que cada puerta de mi mente y mis emociones sean sanadas y restauradas.

Gracias, Señor, por reparar mi existencia. Oro para que cualquier desolación pasada sea restaurada y sanada. Quiero ser sano, Padre. Quiero entregarme a ti, estar en libertad y ser sanado. Creo que el Espíritu Santo está obrando en mi vida, redimiendo el tiempo que la langosta se ha comido (Joel 2:25).

Te agradezco por la palabra del Señor. La recibiré, la escucharé y caminaré en ella. Gracias, Señor, por tu presencia y tu gloria. Me regocijaré y disfrutaré de tu presencia y de tu gloria. Señor, te agradezco por darme vida en abundancia. Gracias, Señor, porque cada muro y cada puerta de mi vida son restaurados a través del Espíritu Santo. Oro esto en el nombre de Jesús. Amén.

Oraciones y declaraciones por restauración

Es tiempo de restauración en mi vida.

Creo que Dios es el restaurador.

Creo que Dios es un Dios de abundancia, un Dios de exuberancia, un Dios de prodigalidad y un Dios de derramamiento.

Creo que el Señor hará grandes cosas en mi vida, pese a cómo se vea ahora.

Creo que Dios restaurará mi vida y me dará más de lo que tuve antes.

En el nombre de Jesús, creo que recibiré un desbordamiento de bendición, favor y prosperidad en mi vida.

Capítulo 21

ROMPE LAS CADENAS DEL ESPÍRITU ERRANTE

El preso agobiado será libertado pronto;
no morirá en la mazmorra, ni le faltará su pan.
—Isaías 51:14 RVR1960

UCHOS CRISTIANOS NECESITAN liberarse de la errancia. Son personas que vagan de una ciudad en otra, de trabajo en trabajo, de casa en casa y de iglesia en iglesia, sin poder establecerse ni afirmarse. Son presos agobiados, como dice Isaías 51:14.

Esas almas son atormentadas por espíritus de pobreza, inquietud, confusión y muchos otros que deben distinguirse y expulsarse (Salmos 107:1-7). Las maldiciones del errante deben destruirse (Deuteronomio 23:2; Salmos 109:5-10; Jeremías 18:20-22; Gálatas 3:13). Los que tienen ese tipo de ataduras necesitan saber que Dios los ama y lleva cuenta de sus andanzas (Salmos 56:8).

Así que si tienes dificultades para conservar un trabajo, encontrar un empleo o pagar tus cuentas, eso puede ser la manifestación de un espíritu errante. Muchos cristianos que vagan de iglesia en iglesia sin compromiso, pueden estar bajo la maldición del vagabundo. Esta maldición abre la puerta para que opere la pobreza. Y la maldición de la pobreza abre la puerta para que los espíritus de escasez, esclavitud, mendicidad, desempleo y deuda operen en un individuo o familia.

Por tanto, después que rompas las maldiciones de los espíritus errantes, ataca a los espíritus de pobreza, carencia, esclavitud financiera, fracaso, desesperación, depresión, soledad, desesperanza, suicidio, inquietud, confusión, tristeza, dolor, lujuria, dolor y otros, según te dirija el Espíritu Santo.

Como creyente, no andas vagando sin rumbo por la vida. Tienes un pacto con Dios, que tiene un plan para tu vida.

ORACIONES Y DECLARACIONES PARA ROMPER MALDICIONES

Soy redimido de la maldición por la sangre de Jesús (Gálatas 3:13).

Destruyo y me libero de todas las maldiciones del espíritu errante en el nombre de Jesús.

En el nombre de Jesús, vengo contra todos los espíritus asociados con las maldiciones del errabundo y el vagabundo, incluida la pobreza, la carencia, la esclavitud financiera, el fracaso, la desesperación, la depresión, la soledad, la desesperanza, el suicidio, la inquietud, la confusión, la tristeza, el dolor, la lujuria y el sufrimiento.

Rompo con todas las maldiciones expresadas y me libero de toda palabra negativa pronunciada contra mí por otros y por aquellos con autoridad, y los bendigo.

Quebranto y me libero de todas las maldiciones autoinfligidas por las palabras negativas que he dicho en el nombre de Jesús.

Ordeno a cada demonio que se esconde y opera detrás de cada maldición que salga en el nombre de Jesús.

Quebranto y me libero de todas las maldiciones e iniquidades generacionales como resultado de los pecados de mis antepasados en el nombre de Jesús, incluidas todas las maldiciones generacionales y ancestrales de orgullo, lujuria, perversión, rebelión, brujería, idolatría, pobreza, rechazo, miedo, confusión, adicción, muerte y destrucción.

Soy linaje de Abraham, por lo que su bendición es mía (Gálatas 3:14).

Capítulo 22

ROMPE LAS CADENAS DE LA ADICCIÓN

Como ciudad sin defensa y sin murallas es quien no sabe dominarse.
—Proverbios 25:28

EL ESPÍRITU DE adicción es un demonio testarudo. Ya sea una adicción a la comida, las drogas, al alcohol o incluso a las compras, este espíritu puede ser difícil de destruir porque está profundamente arraigado en la carne.

La adicción está conectada al espíritu de Belial. Es un espíritu gobernante de iniquidad que tiene una hueste de demonios operando bajo su mando. La palabra hebrea *beliya'al*, que se traduce como "Belial", se interpreta en otros versículos como "malvado", "impío" y "travieso". La *Concordancia Strong* lo define como: "sin beneficio, indignidad… destrucción, maldad… malvado, travieso". La más común de esas definiciones es inutilidad.

El trabajo de Belial es maldecir a hombres y mujeres, haciéndolos cometer pecados viles y despreciables. Todo pecado es malo, por lo que no doy excusas ni concesiones por ninguno. Sin embargo, unos pecados son más abominables que otros. Bajo la ley, ciertos pecados considerados como "abominaciones" e indignos se pagaban con la muerte, mientras que otros requerían sacrificios específicos como expiación. Belial quiere atraer a la nación a pecados tan abominables que traigan el juicio de Dios.

Como mencioné, creo que los espíritus del alcohol, la adicción y la embriaguez operan bajo el mando del hombre fuerte de Belial. En 1 Samuel, Ana estaba orando en el templo, pero solo movía los labios; no emitía ningún sonido. Entonces Elí pensó que estaba borracha y la reprendió, por haber ido al templo en ese estado. Sin embargo, ella le dijo: "No, mi señor; no he bebido ni vino ni cerveza. Soy solo una mujer angustiada que ha venido a desahogarse

102

delante del Señor. No me tome usted por una mala mujer. He pasado este tiempo orando debido a mi angustia y aflicción" (1 Samuel 1:13-16).

En la versión inglesa del Rey Jacobo, el versículo 16 dice: "No cuentes a tu sierva por hija de Belial". Belial opera a través de la embriaguez porque es una forma de quebrantar la moral y sensibilizar a la gente a la lujuria y la perversión. Es un hecho conocido que muchos hijos de padres alcohólicos son a menudo víctimas de abuso sexual, incluido el incesto. El abuso del alcohol también puede abrir la puerta a los espíritus de violación sexual, los que prevalecen en muchos recintos universitarios.

Todas las adicciones operan de manera similar. Son espíritus tenaces. A veces, las personas se frustran al tratar de liberarse de las adicciones y el enemigo las condena diciéndoles: "Eres débil". Pero otras veces tienes que ayunar cuando estás tratando de romper un espíritu de adicción porque se arraiga mucho en la carne. El ayuno implica abnegación. Nos ayuda a ser ecuánimes, templados. La templanza es moderación y autocontrol. El exceso es lujuria y autocomplacencia. Es lo opuesto a la vida llena del Espíritu. La glotonería y la embriaguez son manifestaciones de exceso y están conectadas con la rebelión y la terquedad (Deuteronomio 21:20).

Belial es el gobernante mundial de la maldad. Pero por medio de Cristo podemos atar al hombre fuerte para despojarle sus pertenencias (Mateo 12:29).

Oraciones y declaraciones para romper el poder de la adicción

Me separo y me libero de todas las maldiciones de Belial y sus espíritus que operan en mi descendencia.

Rompo con la asignación de Belial contra mi vida, mi familia y mi comunidad.

Ordeno a todos los espíritus de adicción que salgan de mi apetito en el nombre de Jesús.

Renuncio a toda adicción a la comida, las drogas, al alcohol o cualquier sustancia o hábito legal o ilegal que me haya atado en el nombre de Jesús.

Rompo todas las maldiciones generacionales de orgullo, lujuria, perversión, rebelión, brujería, idolatría, pobreza, rechazo, miedo, confusión, adicción, muerte y destrucción en el nombre de Jesús.

ORACIONES Y DECLARACIONES PARA EL AUTOCONTROL Y LA SATISFACCIÓN EN LA PROVISIÓN DE DIOS

Soy amante de lo bueno. Soy autocontrolado. Soy yo. Soy santo. Soy sobrio (Tito 1:8).

Experimento los frutos del Espíritu, que son amor, gozo, paz, paciencia, mansedumbre, bondad, fe, mansedumbre y templanza; contra tales cosas no hay ley (Gálatas 5:22-23).

Lucho por el premio; por lo tanto, ejerzo dominio propio en todas las cosas (1 Corintios 9:25).

Dios no me ha dado espíritu de cobardía, sino de amor, de poder y de dominio propio (2 Timoteo 1:7).

Tendré dominio propio en todo (2 Timoteo 4:5).

Festejaré a su debido tiempo con dominio propio y no con embriaguez (Eclesiastés 10:17).

Me saciaré con el abundante pan del cielo (Salmos 105:40).

El Señor satisface el anhelo de mi alma y me llena de bondad (Salmos 107:9).

El Señor abre su mano y me satisface (Salmos 145:16).

El Señor bendecirá abundantemente mi provisión y me saciará de pan (Salmos 132:15).

Veré el rostro de Dios en justicia. Estaré satisfecho cuando despierte a su semejanza (Salmos 17:15).

El Señor me saciará de madrugada con su misericordia para que me regocije y me alegre todos mis días (Salmos 90:14).

El Señor sacia de bienes mi boca, y mi juventud se renueva como la del águila (Salmos 103: 5).

Soy justo. Como hasta que mi alma se sacia (Proverbios 13:25 RVR1960).

El temor de Jehová es para vida. Porque temo al Señor, viviré satisfecho y no seré visitado por el mal (Proverbios 19:23 RVR1960).

Hallaré satisfacción. Podré decir: "Basta" (Proverbios 30:15).

El que ama el dinero no se saciará con el dinero, ni el que ama la abundancia con el aumento. Esto también es vanidad (Eclesiastés 5:10). Hallaré mi sustancia en Dios solamente.

El Señor saciará mi alma con abundancia y me saciaré de su bondad (Jeremías 31:14).

Capítulo 23

ROMPE LAS CADENAS DE LA POBREZA Y LA ESCASEZ

Responderá Jehová, y dirá a su pueblo: He aquí yo os envío pan, mosto
y aceite, y seréis saciados de ellos; y nunca más os pondré en oprobio
entre las naciones. Las eras se llenarán de trigo, y los lagares rebosarán
de vino y aceite. Y os restituiré los años que comió la oruga, el saltón, el
revoltón y la langosta, mi gran ejército que envié contra vosotros.
—JOEL 2:19, 24-25 RVR1960

HAY CREYENTES QUE son dadores fieles. Creen que Dios suple sus necesidades. Sin embargo, parece que no pueden lograr un gran avance financiero. Parece que no pueden conseguir un buen trabajo ni ver prosperar sus negocios. Parece que no pueden superarse, por lo que se deprimen. Empiezan a pensar que tal vez no tienen suficiente fe, o que no le creen lo suficiente a Dios, o que no están lo suficientemente cerca de él o que no lo agradan. Pero la realidad es que pueden estar lidiando con un espíritu de pobreza.

El espíritu de pobreza puede ser un demonio tenaz, sobre todo si ha estado operando en una familia durante generaciones. Pero yo creo que con Dios nada es imposible. Puede que tengas que ayunar y orar hasta que llegue el progreso, pero no debes rendirte.

La palabra *bendecir* se menciona por primera vez en Génesis, cuando Dios bendijo al hombre y a la mujer y les dijo que fueran fructíferos y se multiplicaran. Así que el resultado de la bendición es la fecundidad, la multiplicación, el aumento y la productividad. Dios quiere que seas productivo; quiere que multipliques, aumentes y disfrutes del fruto de la tierra. La tierra fue creada para darnos su fruto. Toda la riqueza está en la tierra: en forma de árboles, petróleo, diamantes. Dios quiere que heredes la tierra, y que la tierra te dé su fruto, pero no puede dártelo si hay una maldición operando en tu vida.

El que abre brecha marchará al frente, y también ellos se abrirán camino; atravesarán la puerta y se irán, mientras su rey avanza al frente, mientras el Señor va a la cabeza.

—Miqueas 2:13

Este versículo es una imagen de liberación y progreso. Debido a que Jesús fue hecho maldición por nosotros en la cruz, puede sacarnos de ese lugar de cautiverio, limitación y confinamiento para llevarnos a un lugar de riqueza (ver el Salmo 66).

Isaías 54:2-3 dice: "Ensancha el espacio de tu carpa, y despliega las cortinas de tu morada. ¡No te limites! Alarga tus cuerdas y refuerza tus estacas. Porque a derecha y a izquierda te extenderás; tu descendencia desalojará naciones, y poblará ciudades desoladas". Esto significa que cuando llega la bendición del Señor, te vuelves tan fructífero que necesitas un espacio más grande. Necesitas más lugar. Necesitas ensanchar el sitio de tu tienda.

Israel fue esclavizado en un pequeño lugar en Egipto. Dios los sacó a otro mucho más grande, una tierra que mana leche y miel. Cuando se quita la maldición mediante la obra redentora de Cristo, la bendición de Dios comienza a llegar y empiezas a ver la tierra dar su fruto.

En Joel 2, las langostas estaban invadiendo la tierra que Dios le había dado a su pueblo. Las langostas representan demonios devoradores. Simbolizan los espíritus de la pobreza y la carencia. Las langostas habían venido sobre Israel y devoraron la cosecha. Pero Joel animó a la gente a ayunar y arrepentirse. Dios prometió escuchar sus oraciones y responder enviando maíz, vino y aceite, que representan prosperidad.

El ayuno es una de las formas en que podemos romper los bastiones generacionales de pobreza. El ayuno prepara al creyente para la prosperidad llevándolo a un lugar de humildad. Dios ha prometido exaltar a los humildes (1 Pedro 5:6). La promoción financiera es parte de esta exaltación. Dios da gracia (favor) a los humildes (Santiago 4:6). El favor es parte de la prosperidad financiera. El ayuno libera gracia y favor sobre la vida de la persona. Ayuda a romper el ciclo de pobreza y fracaso.

ORACIONES Y DECLARACIONES PARA LA PROSPERIDAD Y LA LIBERACIÓN FINANCIERA

Rompo con todos los ataques del enemigo contra mis finanzas en el nombre de Jesús.

Quebranto todas las maldiciones de pobreza, escasez, deuda y fracaso en el nombre de Jesús.

Decido buscar primeramente el reino de Dios y su justicia, y todas las cosas me son añadidas (Mateo 6:33).

Reprendo y echo fuera todo espíritu del saltón, la oruga, y la langosta que intenten comerse mis bendiciones en el nombre de Jesús (Joel 2:25).

Señor, enséñame provechosamente y guíame por el camino que debo seguir (Isaías 48:17).

Tú eres Jehová Jireh, mi proveedor (Génesis 22:14).

Eres El Shaddai, el Dios más que suficiente en mi vida.

Bienes y riquezas hay en mi casa porque te temo y me deleito mucho en tus mandamientos (Salmos 112:1-3).

La bendición del Señor sobre mi vida me enriquece. Soy bendecido al entrar y bendecido al salir.

Soy siervo de Dios y él se complace con mi prosperidad (Salmos 35:27).

Jesús, te hiciste pobre para que yo fuera rico por tu pobreza (2 Corintios 8:9).

Medito en la Palabra de día y de noche, y todo lo que hago prospera (Salmos 1:3).

Que haya paz dentro de mis muros y prosperidad dentro de mi palacio (Salmos 122:7).

Vivo en la prosperidad del Rey (Jeremías 23:5).

Por tu favor seré una persona próspera (Génesis 39:2).

Señor, entrega la riqueza de los impíos en mis manos (Proverbios 13:22).

Señor, llévame a un lugar rico (Salmos 66:12).

Yo doy, y se me da: medida buena, apretada, remecida y rebosante (Lucas 6:38).

Abre las compuertas del cielo sobre mi vida y recibiré más de lo que puedo almacenar (Malaquías 3:10).

Que todo agujero en mi cartera se cierre en el nombre de Jesús (Hageo 1:6).

Reprende al devorador por mi causa (Malaquías 3:11).

Que tus lluvias de bendición caigan sobre mi vida (Ezequiel 34:26).

Que mis tinajas rebosen (Joel 2:24).

Que mis graneros se llenen con abundancia y mis lagares rebosen de vino nuevo (Proverbios 3:10).

Llévame a una buena tierra sin escasez ni falta de nada (Deuteronomio 8:9).

ORACIONES Y DECLARACIONES PARA CRECER Y PROGRESAR

Quita de mi vida toda limitación y restricción impuesta por cualquier espíritu maligno en el nombre de Jesús.

Bendíceme en verdad y ensancha mi territorio. Sea tu mano conmigo y guárdame del mal (1 Crónicas 4:10).

Echa fuera a mis enemigos y ensancha mis fronteras (Éxodo 34:24).

Ensancha mis pasos para que pueda recibir tu riqueza y tu prosperidad (Isaías 60:5-9).

Recibo liberación y prosperidad para mi vida (Ester 4:14).

El Señor me ensanchará más y más, a mí y a mis hijos (Salmos 115:14).

Que tu reino y tu gobierno crezcan en mi vida (Isaías 9:7).

Permíteme crecer en el conocimiento de Dios (Colosenses 2:19).

Haz que crezca y abunde en amor (1 Tesalonicenses 3:12).

Aumenta mi reputación y consuélame por todos lados (Salmos 71:21).

Permíteme crecer en sabiduría y en estatura (Lucas 2:52).

Déjame crecer en fuerza y confundir a los adversarios (Hechos 9:22).

Que tu gracia y tu favor aumenten en mi vida.

Que se multipliquen los años de mi vida (Proverbios 9:11).

Que la Palabra de Dios aumente en mi vida (Hechos 6:7).

Que mis ofrendas y mis diezmos aumenten (Deuteronomio 14:22).

CONFIESA NUNCA MÁS

Nunca más permitiré que la pobreza y la escasez dominen mi vida, porque mi Dios suple todas mis necesidades conforme a sus riquezas en gloria en Cristo Jesús (Filipenses 4:19).

Nunca más me faltará, porque tengo de sobra (Génesis 27:28).

Nunca más me faltará, sino que prosperaré a través del ministerio profético (Esdras 6:14).

Nunca más sembraré y no cosecharé, sino que cosecharé donde otros han sembrado (Juan 4:38).

Nunca más llevaré una bolsa llena de agujeros (Hageo 1:6).

Nunca más me faltará la gloria *(kabowd)*, la honra, la abundancia, las riquezas, el esplendor, la gloria, la dignidad, la reputación y la reverencia (Salmos 84:11).

Nunca más seré pobre, porque el Señor se hizo pobre para que yo —con su pobreza— pudiera ser rico (2 Corintios 8:9).

Nunca más viviré sin los deseos de mi corazón, porque me deleitaré en el Señor (Salmos 37:4).

Nunca más permitiré que la codicia controle mi vida; soy un dador generoso (Proverbios 11:25).

Nunca más el enemigo devorará mis finanzas, porque el Señor ha reprendido al devorador por mi causa (Malaquías 3:11).

Nunca más me cohibiré de dar, porque doy y me dan; medida buena, apretada, remecida y rebosante (Lucas 6:38).

Nunca más permitiré que el miedo me impida dar.

Nunca más permitiré que la deuda controle mi vida. Prestaré a muchas naciones y no tomaré prestado, porque el que toma prestado es siervo del que presta (Proverbios 22:7).

Nunca más permitiré que la duda y la incredulidad me impidan creer en las promesas de Dios (Hebreos 3:19).

Nunca más pensaré en pobreza y escasez, porque cuál es su pensamiento en su corazón, tal es él (Proverbios23:7).

Nunca más mi canasta y mi almacén estarán vacíos, porque mi canasta y mi almacén están bendecidos (Deuteronomio 28:5 RVR1960).

Nunca más permitiré que Satanás robe mis finanzas, porque tengo vida abundante (Juan 10:10).

Nunca más limitaré lo que Dios puede hacer en mis finanzas y en mi vida (Salmos 78:41).

Nunca más toleraré la escasez, porque mi Dios me da en abundancia (Deuteronomio 28:47).

Nunca más tendré lo suficiente, porque El Shaddai me da más que suficiente (Génesis 17:1-2).

Nunca más usaré mi dinero para cosas pecaminosas (Ezequiel 16:17).

Nunca más el enemigo retendrá mis bendiciones.

Nunca más dudaré del deseo de Dios de prosperarme, porque el Señor se complace en la prosperidad de su siervo (Salmos 35:27).

Nunca más seré cola y no cabeza (Deuteronomio 28:13).

Nunca más pediré prestado, al contrario, prestaré (Deuteronomio 28:12).

Nunca más estaré atrás y no al frente (Deuteronomio 25:18).

Nunca más creeré que no tengo poder para obtener riquezas, porque Dios me da poder para obtenerlas para establecer su pacto (Deuteronomio 8:18).

Nunca más me faltará ningún bien, porque buscaré al Señor (Salmos 34:10).

Nunca más me faltará la prosperidad, sino que todo lo que haga prosperará porque me deleito en la ley del Señor (Salmos 1).

Nunca más me faltará la unción en mi cabeza (Eclesiastés 9:8).

Nunca más me faltará favor en mi vida, porque el Señor me rodeará de favor como con un escudo (Salmos 5:12).

Capítulo 24

ROMPE LAS CADENAS DE LAS HERIDAS DEL PASADO

Hermanos, yo mismo no pretendo haberlo ya alcanzado; pero una cosa hago: olvidando ciertamente lo que queda atrás, y extendiéndome a lo que está delante, prosigo a la meta, al premio del supremo llamamiento de Dios en Cristo Jesús.
—FILIPENSES 3:13-14 RVR1960

MUCHOS CREYENTES PERSISTEN atados a su pasado. Pero este puede constituirse en una cadena que te impida disfrutar el presente y tener éxito en el futuro.

Hay una historia de la que hablo a menudo sobre ese espíritu. Mientras ministraba liberación a un joven, me encontré con un espíritu fuerte que moraba en él y que se jactaba de que no se iría. Así que le ordené al espíritu que se identificara y me contestó que su nombre era *Pasado*. El espíritu procedió a explicar que su trabajo era mantener al joven atado a su pasado para que no pudiera tener éxito en su andar cristiano. El joven se había divorciado y su pasado continuaba persiguiéndolo.

Ese encuentro me ayudó a ver que hay numerosos espíritus asignados a las personas para mantenerlas atadas al pasado que deja cicatrices y heridas sin sanar por completo. La palabra *herido* proviene del término hebreo *naká*, que significa "lastimado, afligido, quebrantado, golpeado, lesionado". Las personas con el espíritu herido necesitan liberación de los espíritus de dolor, sufrimiento profundo, rechazo, tristeza y padecimiento. Una persona puede recibir un espíritu herido a través de malas relaciones, divorcio, tragedias, violación, abuso sexual, palabras, fracaso (ejemplo, una herida emocional que no sanará, Jeremías 15:18). Muchas de esas lesiones se han infectado y se han convertido en moradas de espíritus inmundos. La liberación es clave (Salmos 109:21-22) en esos casos.

114

Las experiencias traumáticas pueden abrir la puerta a los demonios. Para aclarar, encontramos que la palabra *trauma* es definida por el diccionario como "un estado psíquico o conductual desordenado que resulta de un estrés mental o emocional severo o de una lesión física". Las experiencias traumáticas incluyen accidentes, pero los traumas más profundos a menudo son el resultado de una violación sexual.

La violación es una de las experiencias más traumáticas que puede vivir una persona. Es una herida que deja profundas cicatrices en la psique del individuo víctima de ese acto impío. Así que la puerta se abre para que una multitud de espíritus malignos entren y operen a lo largo de la vida de esa víctima.

Los espíritus de dolor, desconfianza, lujuria, perversión, ira, odio, rabia, amargura, vergüenza, culpa y temor pueden entrar y atormentar a la persona por el resto de su vida si no se los reconoce y expulsa. La violación también puede ser una maldición, y a veces hay antecedentes de este pecado en la descendencia.

A menudo, las víctimas de violación acarrean bloqueos sexuales al matrimonio, incluidos espíritus de frigidez, emociones atadas y bloqueadas, odio a los hombres y miedo a las relaciones sexuales. Las personas pueden crecer con profundas raíces de amargura que envenenan su sistema, abriendo la puerta a los espíritus de la enfermedad y la dolencia, incluido el cáncer.

Otra violación sexual común es el pecado del incesto. Este también puede resultar de una maldición y también puede haber una historia de este pecado en la descendencia familiar. Es un acto que causa mucha vergüenza y culpa. Abre la puerta a todo tipo de maldiciones, incluida la locura, la muerte, la destrucción, la confusión, la perversión y la enfermedad. A menudo, la víctima se culpa a sí misma por ese acto, aunque puede haber sido el resultado de un espíritu seductor.

El dolor de un trauma pasado puede parecer imposible de superar, pero creo que nada es demasiado difícil para el Señor. Él sana el dolor pasado e incluso los recuerdos de esas experiencias.

Hay un espíritu maligno llamado "recuerdo memorial" que puede hacer que una persona tenga recuerdos de experiencias pasadas.

Esto mantiene a la persona atada a vivencias traumáticas del pasado. Este espíritu hace que la persona recuerde las heridas, dolores y rechazos experimentados. Aunque puede haber experiencias en tu vida que nunca olvidarás por completo, no debes estar atado al pasado a través de tu memoria.

No permitas que el enemigo desencadene cosas en tu memoria que perturben tu vida presente o futura. Puedes liberarte del dolor de tu pasado y de los recuerdos de las malas experiencias, las heridas y los traumas.

Oraciones para superar la violación sexual

Padre, en el nombre de Jesús me libero de este demonio merodeador que buscaba robar, matar y destruir mi cuerpo, mi sexualidad y mi estima. Me libero de cualquier odio, amargura y falta de perdón. Dejo de culparme por esta violación. Me libero de cualquier atadura del alma, espíritus de enfermedad u otros espíritus malignos que busquen aferrarse a mi vida debido a este trauma. Me libero de cualquier atadura que me impida experimentar una intimidad marital sana y libre. Amén.

Incesto

Padre, en el nombre de Jesús, me libero de la vergüenza, la culpa, las ataduras del alma y cualquier otro espíritu que me impida vivir de manera plena y saludable. Me libero de los recuerdos dolorosos de este abuso y declaro que estoy limpio, por dentro y por fuera. Me libero de todo espíritu demoníaco que quiera entrar por esta puerta abierta, y cierro esta puerta a mi pasado; ruego por un cerco de protección alrededor de mi futuro. Amén.

ORACIONES Y DECLARACIONES PARA ROMPER LAS GARRAS DE UN PASADO DOLOROSO

Los días de mi luto han pasado. Ahora he hallado gracia ante los ojos del Rey (Génesis 50:4).

¡Mira, el invierno se ha ido, y con él han cesado y se han ido las lluvias! Ya brotan flores en los campos; ¡el tiempo de la canción ha llegado! Ya se escucha por toda nuestra tierra el arrullo de las tórtolas (Cantares 2:11-12).

Gloria por los siglos a Jesucristo, que me ha confirmado según el evangelio y la predicación de Cristo. Mi pasado ya no es un secreto guardado. Su propósito ha sido revelado a través de las Escrituras proféticas para que yo pueda creer y obedecer.

Me libero de los efectos de todos los malos recuerdos y memorias dolorosas que perturbarían mi presente o mi futuro.

Hay esperanza para mi futuro.

El Señor tiene planes para darme un futuro de paz y esperanza (Jeremías 29:11).

La señal del pacto de Dios está conmigo y con todas mis generaciones futuras.

Esto es lo que haré: olvidar el pasado y alcanzar las cosas que están por delante. Proseguiré a la meta, al premio del supremo llamamiento de Dios en Cristo Jesús (Filipenses 3:13-14).

Capítulo 25

ROMPE LAS CADENAS DE LA PASIVIDAD

Sed hacedores de la palabra, y no tan solamente
oidores, engañándoos a vosotros mismos.
—SANTIAGO 1:22 RVR1960

L AS PERSONAS EXITOSAS son hacedoras de la Palabra. Pero algunas son demasiado pasivas y perezosas para mantener una vida triunfante y victoriosa. La pasividad es un espíritu peligroso que puede robarte el éxito, el progreso y la fecundidad en la vida.

La pasividad provoca apatía y letargo. Muchas veces la persona que lucha contra la pasividad se sentirá como si estuviera deprimida, como si no fuera a ninguna parte. La pasividad inmoviliza al individuo y le hace aislarse de los demás. Quita el deseo natural de ser asertivo y alcanzar un punto más alto. Las personas pasivas no buscan lo que necesitan para tener éxito en la vida. Dejan que otros lo hagan por ellos.

La pasividad abre la puerta para que los demonios entren y actúen. Los espíritus religiosos operan a través de la pasividad, haciendo que los santos reciban cualquier espíritu, pensando que es el Espíritu Santo porque luce o se siente religioso. En vez de ser pasivos, debemos probar los espíritus y examinar todas las cosas (1 Juan 4:1; 1 Tesalonicenses 5:21). La pasividad también evita que los creyentes luchen por avanzar.

La pasividad puede manifestarse de diversas maneras.

- Pasividad corporal: permitir que la pereza, la flojera y el cansancio controlen el cuerpo; no asumir autoridad sobre el cuerpo.

- Pasividad emocional: permitir que los estados de ánimo vayan y vengan sin resistencia; no asumir autoridad sobre el alma; permitir que la depresión, la tristeza o la autocompasión dominen las emociones sin resistencia alguna.

- Pasividad mental: no controlar los pensamientos (2 Corintios 10:5), soñar despierto, fantasear, falta de concentración, usar drogas y alcohol; permitir que cualquier cosa entre en la mente.

- Pasividad volitiva: no tomar decisiones proactivas; no actuar con las decisiones tomadas; permitir que otros tomen las decisiones; indecisión; no ejercer la voluntad.

La pereza es un espíritu relacionado y marcado por apatía, torpeza, ociosidad, indolencia, languidez, pereza, letargo, falta de ánimo, apatía, lentitud, desidia y cansancio. La pereza es una aversión al trabajo o al esfuerzo. La persona inactiva tiene las características del perezoso. El perezoso es un animal torpe y de movimiento lento.

Al igual que la pasividad, la pereza es un espíritu peligroso. La pereza te lleva a la servidumbre (Proverbios 12:24). La pereza causa dolor (Proverbios 15:19). La pereza acoge la pobreza (Proverbios 19:15). E incluso puede llevarte a la muerte (Proverbios 21:25).

Jesús supo, desde temprana edad, que necesitaba ocuparse de los asuntos de su Padre. No podemos pasarnos la vida soñando con el mañana y no hacer nada hoy. Lo que hagas hoy determinará si tendrás éxito mañana. El éxito requiere acción.

Si queremos experimentar la plena provisión del pacto operando en nuestras vidas, no podemos ser pasivos. No debemos demorarnos en actuar cuando Dios nos dice que nos movamos. En Romanos 12:11 se nos ordena que no seamos perezosos en los negocios, sino que seamos "fervientes en espíritu, sirviendo al Señor". Si quieres ser libre y caminar en la buena tierra que Dios le ha prometido a su pueblo, tienes que tomar la iniciativa. No permitas que la pasividad te robe tu herencia. Eres justo, y el justo será tan audaz como el león.

Oraciones y declaraciones para
romper la pasividad y la pereza

En el nombre de Jesús ato y reprendo el espíritu de pasividad y pereza. Me libero de toda forma de control mental.

Padre, tu Palabra dice que la mano de los diligentes gobernará (Proverbios 12:24). Soy diligente, no perezoso y triunfaré en lo que haga.

Mi obra proseguirá con diligencia y prosperará en mis manos (Esdras 5:8).

Guardo diligentemente tus preceptos (Salmos 119:4).

Busco diligentemente tu rostro y te hallo (Proverbios 7:15).

Trabajaré diligentemente para la casa del Dios del cielo (Esdras 7:23).

Tengo manos diligentes, porque las manos de los diligentes enriquecen (Proverbios 10:4).

Soy diligente, y mis planes ciertamente conducen a la abundancia, no a la pobreza (Proverbios 21:5).

Con diligencia me presento ante Dios aprobado, como obrero que no tiene de qué avergonzarse, que usa bien la palabra de verdad (2 Timoteo 2:15).

Oraciones y declaraciones de audacia y coraje

Soy audaz como un león (Proverbios 28:1).

No soy pasivo; actúo.

Tengo seguridad y accedo con confianza por la fe en Cristo (Efesios 3:12).

Tengo libertad para entrar en el Lugar Santísimo por la sangre de Jesús (Hebreos 10:19).

Permíteme ser mucho más valiente para hablar la Palabra sin temor (Filipenses 1:14).

Me acerco confiadamente al trono de la gracia, para alcanzar misericordia y hallar gracia para el oportuno socorro (Hebreos 4:16).

Audazmente digo: "El Señor es mi ayudador, no temeré lo que me haga el hombre" (Hebreos 13:6).

Que vean los hombres mi audacia y sepan que he estado con Jesús (Hechos 4:13).

Lléname del Espíritu Santo para que pueda hablar la Palabra de Dios con denuedo (Hechos 4:31).

Esperaré en el Señor y tendré buen ánimo, él fortalecerá mi corazón (Salmos 27:14).

Seré fuerte y valiente; no temeré, porque el Señor está conmigo dondequiera que vaya (Josué 1:9).

Seré valiente para guardar y hacer todo lo que el Señor me ha dicho (Josué 23:6).

Seré valiente y el Señor estará conmigo (2 Crónicas 19:11).

Capítulo 26

ROMPE LAS CADENAS DE LA INCREDULIDAD Y LA APOSTASÍA

Y por la incredulidad de ellos, no hizo allí muchos milagros.
—MATEO 13:58

L A INCREDULIDAD IMPIDE que operes en lo milagroso. Jesús no podía moverse en el poder de Dios, ni los discípulos podían expulsar al hombre fuerte, debido a la incredulidad de ellos (Mateo 13:58; 17:14-21). Por eso es importante sacar la duda y la incredulidad de tu vida.

El deseo y el plan del enemigo es hacer que la incredulidad, la duda, el cuestionamiento, el razonamiento, la vacilación y la confusión gobiernen tu vida. Los demonios vendrán a atacarte porque el diablo sabe que sin fe es imposible agradar a Dios (Hebreos 11:6). Sin fe eres incapaz de recibir algo de Dios como tampoco de los demás, debido a eso te esfuerzas constantemente por llenar esos vacíos de forma egoísta y mediante la gratificación inmediata.

Si tu fe no es estable, te vuelves de doble ánimo: siempre con dos opiniones, dos guerras, trabajando dentro de ti. Estas opiniones pueden convertirse en dos personalidades distintas, y aunque tú (tu personalidad real) sabes que debes tener fe, la fe no producirá frutos en tu vida, puesto que vacilar hará que te muevas de un lado a otro. Es por eso que Santiago 4:8 dice que aquellos que son de doble ánimo necesitan que sus corazones sean purificados. A medida que nuestros corazones se purifican por el arrepentimiento y la liberación, crecemos para amar la Palabra de Dios. Meditar en esa Palabra forja la fe y expulsa la incredulidad.

Hay otro peligro de la incredulidad. Hebreos 10:38 RVR1960 dice: "Mas el justo vivirá por fe; y si retrocediere, no agradará a mi alma". La incredulidad era el problema de aquellos de la iglesia primitiva que se estaban apartando de la fe. Muchos de los hebreos estaban regresando al sistema del antiguo pacto. Estaban vacilando en su fe. Vacilar es un signo de doble ánimo. El profeta Jeremías reveló que el remedio para la reincidencia es la sanidad o, dicho de otro modo, la liberación (Jeremías 3:22).

Dudar de la verdad de la Palabra de Dios, tener un historial de recaídas y apartarse de la fe, practicar la mundanalidad y la carnalidad, ceder bajo presión o persecución y regresar al mundo: todos esos son signos de doble ánimo. Las personas de doble ánimo no son lo suficientemente estables para enfrentar los desafíos que a menudo vienen con ser creyente. Como resultado, a menudo se retiran o se rebelan.

Debemos alcanzar la estabilidad si queremos caminar con Dios coherentemente y disfrutar su bendición. Israel era una nación de doble ánimo, acordaba y abandonaba el pacto con Dios. No servían a Dios congruentemente. A menudo se rebelaban contra él y comenzaban a actuar como las naciones paganas que los rodeaban. Esa no es la voluntad de Dios para su pueblo. Su voluntad es que los creyentes de su pacto lleven vidas victoriosas y llenas de una paz perfecta, de modo que nada sea imposible para ellos.

Cuando aceptas el sacrificio de Cristo en la cruz y sometes tu vida a su autoridad, estás bajo un nuevo pacto. Pero cuando rechazas a Cristo y su sacrificio, rechazas su nuevo pacto y la bendición de paz que viene con este. En Lucas 19:41-42, Jesús lloró por Jerusalén porque sabía que, si lo rechazaban, no experimentarían la paz sino la espada. Sabía que el enemigo los asediaría por todos lados y que no quedaría piedra sobre piedra. Cuando rechazas a Jesús, desechas tu única esperanza de paz y prosperidad.

Rompe las cadenas del doble ánimo y la incredulidad, termina con los ciclos crónicos de reincidencia mediante el arrepentimiento y renueva tu compromiso con Cristo para que puedas andar en la plenitud de la bendición, la paz y la prosperidad divinas.

ORACIONES Y DECLARACIONES DE ARREPENTIMIENTO

Señor, me arrepiento en polvo y ceniza (Job 42:6).

Me arrepiento de mi maldad y oro para que los pensamientos de mi corazón me sean perdonados (Hechos 8:22).

Gracias, Señor, porque mis pecados han sido borrados y han venido de tu presencia tiempos de refrigerio porque me he arrepentido y convertido (Hechos 3:19).

Señor, me arrepiento, que tus milagros se hagan en mí (Mateo 11:20).

Me tornaré a Dios y haré obras propias del arrepentimiento (Hechos 26:20).

Ahora me arrepiento, porque no siempre pasarás por alto mi ignorancia (Hechos 17:30).

Me arrepiento ahora de mi mal camino y de mis malas obras para habitar en la tierra que el Señor nos ha dado a mis padres y a mí para siempre (Jeremías 25:5).

Me arrepiento, Señor, por lo que me aparto de mis ídolos y de todas mis abominaciones (Ezequiel 14:6).

No me juzgues, oh, Señor. Me arrepiento y me convierto de todas mis transgresiones para que la iniquidad no sea mi ruina (Ezequiel 18:30).

Me arrepiento y te suplico, Señor, diciendo: "He pecado y he hecho mal. He cometido maldad" (1 Reyes 8:47).

Me arrepiento ante Dios y permanezco fiel a mi Señor Jesucristo (Hechos 20:21).

ORACIONES Y DECLARACIONES PARA RENOVAR EL COMPROMISO DEL PACTO CON DIOS

Seré fiel al pacto a través de la sangre de Jesús y caminaré en ese pacto todos los días de mi vida.

Señor, bendices a los que obedecen tu voz y guardan tu pacto. Me aferro a tu pacto a través de tu muerte y tu sacrificio.

Elijo la vida (bendición) (Deuteronomio 30:19).

Que tus bendiciones vengan sobre mí y me alcancen (Deuteronomio 28:2).

Bendito sea yo en la ciudad y bendito en el campo (Deuteronomio 28:3).

Sea bendito el fruto de mi cuerpo y sea bendito todo el fruto de mi trabajo (Deuteronomio 28:4).

Sea bendito mi cesto y mi tienda (Deuteronomio 28:5 RVR1960).

Bendito sea yo al entrar y bendito al salir (Deuteronomio 28:6).

Que los enemigos de mi alma huyan de delante de mí por siete caminos (Deuteronomio 28:7).

Manda tu bendición sobre mis graneros y todo aquello en lo que pongas en mis manos, y bendice mi tierra (Deuteronomio 28:8).

Hazme una persona santa para ti, Señor (Deuteronomio 28:9).

Que todos vean que tu nombre es invocado sobre mí (Deuteronomio 28:10).

Hazme abundar en bienes (Deuteronomio 28:11).

Ábreme tu buen tesoro, y que la lluvia del cielo caiga sobre mi vida y bendiga la obra de mis manos (Deuteronomio 28:12).

Permíteme prestar (dar) a muchas naciones y no tomar prestado (Deuteronomio 28:12).

Hazme cabeza y no cola (Deuteronomio 28:13).

Déjame estar arriba solamente y no debajo (Deuteronomio 28:13).

ORACIONES Y DECLARACIONES
PARA AUMENTAR LA FE

Declaro que tengo una fe extraordinaria y grande en el poder de Jesucristo, una fe que no se encuentra en ningún otro lugar (Mateo 8:10).

Activo mi semilla de mostaza de fe y le digo a las montañas que se me presentan: "Quítense y muévanse a otro lugar". Nada me será imposible (Mateo 17:20).

Tengo fe en Dios (Marcos 11:22).

Voy en paz porque mi fe me ha salvado (Lucas 7:50).

Oro como tus discípulos ungidos: "¡Aumenta mi fe!" (Lucas 17:5).

Mi fe no fallará (Lucas 22:32).

Como Esteban, hago grandes prodigios y señales porque estoy lleno de fe (Hechos 6:8).

No dudaré en las promesas de Dios por incredulidad, sino que me mantendré firme en la fe, dando gloria a Dios (Romanos 4:20).

Mi fe aumenta cuanto más oigo y oigo por la Palabra de Dios (Romanos 10:17).

Mi fe no yace en la sabiduría de los hombres sino en el poder de Dios (1 Corintios 2:5).

El Espíritu de Dios me ha dado el don de la fe (1 Corintios 12:9).

Ningún hombre tiene dominio sobre mi fe. Estoy firme por la fe (2 Corintios 1:24).

Camino por fe, no por vista (2 Corintios 5:7).

Abandonaré toda esclavitud que me atrape, mirando hacia adelante por fe y poniendo mis ojos en aquel que es invisible (Hebreos 11:27).

Decreto y declaro que por fe pasaré mis pruebas sobre tierra seca y que mis enemigos serán ahogados (Hebreos 11:29).

Me mantendré firme y no flaquearé. Me presentaré confiadamente delante de Dios, pidiéndole con fe (Santiago 1:6).

Mi fe está viva (Santiago 2:17).

Mostraré mi fe por las obras que haga (Santiago 2:18).

Mi fe y mi esperanza están en Dios (1 Pedro 1:21).

Capítulo 27

ROMPE LAS CADENAS DE LAS MALDICIONES GENERACIONALES

No te inclines delante de ellos ni los adores. Yo, el Señor tu Dios, soy un Dios celoso. Cuando los padres son malvados y me odian, yo castigo a sus hijos hasta la tercera y cuarta generación. Por el contrario, cuando me aman y cumplen mis mandamientos, les muestro mi amor por mil generaciones.
—DEUTERONOMIO 5:9-10

MUCHOS DE LOS obstáculos que encuentran los creyentes son generacionales. Pecados como el orgullo, la rebelión, la idolatría, la brujería y la lujuria abren la puerta para que los espíritus malignos operen en las familias a través de las generaciones. Los demonios generacionales de destrucción, fracaso, pobreza, enfermedad y adicción son bastiones importantes en la vida de millones de personas. Otras malas herencias incluyen la perversión, el divorcio, el odio, la amargura y la ignorancia.

Las debilidades y tendencias también pueden ser heredadas de los pecados de los padres. Por ejemplo, una persona nacida de padres alcohólicos tiene una mayor probabilidad de volverse alcohólica. Enfermedades y dolencias también pueden correr en la descendencia. Es por eso que los médicos a menudo verifican si hay antecedentes de ciertas enfermedades en la familia, como diabetes, presión arterial alta y ciertas afecciones cardíacas.

Como creyentes, no tenemos que permitir que las maldiciones generacionales activen enfermedades en nuestras vidas. Debido a que Jesús fue hecho maldición por nosotros, podemos decirle al diablo que no pondrá enfermedad en nuestros cuerpos. Podemos levantarnos con autoridad y declarar: "No estoy maldito. En el nombre de Jesús, mi cuerpo es bendecido con sanidad".

Los espíritus familiares son demonios familiarizados con una persona porque a menudo han estado en la familia durante generaciones. A veces, esos espíritus son difíciles de quebrantar, debido a lo profundas que son sus raíces en la familia. Pero Dios es Libertador. Así que emplea las siguientes oraciones para romper las cadenas de maldiciones generacionales y espíritus familiares que pueden estar operando en tu vida.

ORACIONES Y DECLARACIONES PARA EXPULSAR ESPÍRITUS GENERACIONALES

Soy redimido de la maldición de la ley (Gálatas 3:13).

Rompo toda maldición generacionales de orgullo, lujuria, perversión, rebelión, brujería, idolatría, pobreza, rechazo, miedo, confusión, adicción, muerte y destrucción en el nombre de Jesús.

Me libero de toda herencia maligna, incluyendo debilidades genéticas, actitudes, patrones de pensamiento, enfermedades, brujería, lujuria, rebelión, pobreza, estilos de vida impíos y conflictos en el nombre de Jesús.

Ordeno a todos los espíritus generacionales que entraron en mi vida durante la concepción, en el útero, en el canal de parto y a través del cordón umbilical que salgan en el nombre de Jesús.

Rompo todas las maldiciones habladas y las palabras negativas que he dicho sobre mi vida en el nombre de Jesús.

Ato y reprendo a todos los espíritus familiares y guías espirituales que intenten operar en mi vida desde mis antepasados en el nombre de Jesús.

Renuncio a todas las falsas creencias y filosofías heredadas por mis antepasados en el nombre de Jesús.

Ordeno a todos los espíritus ancestrales de la masonería, la idolatría, la brujería, la religión falsa, la poligamia, la lujuria y la perversión que salgan de mi vida en el nombre de Jesús.

Ordeno a todos los espíritus hereditarios de lujuria, rechazo, miedo, enfermedad, dolencia, ira, odio, confusión, fracaso y pobreza que salgan de mi vida en el nombre de Jesús.

Rompo los derechos legales de todos los espíritus generacionales que operan tras cualquier maldición en el nombre de Jesús. No tienes ningún derecho legal para operar en mi vida.

Rompo todas las maldiciones sobre mis finanzas de cualquier antepasado que engañó o manejó mal el dinero, en el nombre de Jesús.

Rompo todas las maldiciones de enfermedades y dolencias, y ordeno que todas las enfermedades heredadas abandonen mi cuerpo en el nombre de Jesús.

Renuncio a todo orgullo heredado de mis antepasados, en el nombre de Jesús.

Rompo todos los juramentos, votos y pactos hechos con el diablo por mis antepasados, en el nombre de Jesús.

Rompo todas las maldiciones de los agentes de Satanás pronunciadas contra mi vida en secreto, en el nombre de Jesús (Salmos 10:7).

Rompo todas las maldiciones escritas que puedan afectar mi vida en el nombre de Jesús (2 Crónicas 34:24).

Rompo cada maldición lanzada en el tiempo que se activaría en mi vida a medida que envejezco, en el nombre de Jesús.

Por medio de Jesús mi familia es bendecida (Génesis 12:3).

Capítulo 28

ROMPE LAS CADENAS DEL ESPÍRITU DE ANTICRISTO

De ti salió el que imaginó mal contra Jehová, un consejero perverso.

—NAHÚM 1:11 RVR1960

L A BIBLIA DE Jerusalén dice en Nahúm 1:11: "De ti ha salido el que tramaba el mal contra Yahvé, el consejero de Belial". El rey de Asiria en realidad estaba conspirando contra el Señor, y Nahúm estaba profetizando juicio contra Nínive y el imperio asirio. Esta es la obra del espíritu del anticristo, que tiene sus raíces en el espíritu de Belial, un maligno espíritu gobernante. El espíritu del anticristo es un espíritu de iniquidad y rebelión. El Salmo 2:2-3 dice: "Se levantarán los reyes de la tierra, y príncipes consultarán unidos contra Jehová y contra su ungido, diciendo: Rompamos sus ligaduras, y echemos de nosotros sus cuerdas" (RVR1960). El objetivo final de Belial es *deshacerse* de las ataduras. La iglesia es una fuerza restrictiva en la tierra contra la inmundicia y la impiedad que Belial desea inundar sobre esta.

La edición clásica de la Biblia Amplificada dice que ellos "echan sus cuerdas [de control] de nosotros". Así obran los espíritus de iniquidad y rebelión. Donde no hay ley, la gente se vuelve loca. Todo el sistema judicial de Estados Unidos se basó en la ética judeocristiana que se encuentra en la Biblia. En otras palabras, la Biblia es el fundamento de nuestro sistema legal. Una sociedad que rechaza la Biblia como su autoridad moral a fin de cuentas tendrá problemas con su sistema judicial. Belial odia el poder restrictivo de la Biblia, el Espíritu Santo y la iglesia. Por eso los ataca con tanta saña.

Belial desea que la inmoralidad y la impiedad reinen sin restricciones. Belial es responsable de los ataques al sistema judicial de los Estados Unidos que llevaron a la eliminación de las leyes contra la homosexualidad, el lesbianismo y el adulterio. Los homosexuales creen que tienen derecho a sus estilos de vida impíos. Muchos están clamando: "Déjenme en paz y hacer lo que quiero. No deseo que ningún predicador me diga lo que está bien y lo que está mal". Otros afirman: "Establezcan la separación de la iglesia y el estado. Saquen la oración de las escuelas". Todo esto es un intento por deshacerse de las restricciones.

Belial es el hombre fuerte que impera en muchas naciones del mundo hoy. Por tanto, usa las oraciones de este capítulo como guía para atar a ese hombre fuerte y derrocar el dominio del espíritu del anticristo.

Oraciones por restricción

Padre, la fiel y piadosa minoría en este país ha comenzado a sentir lo que Job percibió cuando lo perseguían y se burlaban de él. Sus palabras describen nuestros sentimientos, ya que exclamó: "Gente vil, generación infame ... Soy objeto de su burla, y les sirvo de refrán. Me abominan, se alejan de mí, y aun de mi rostro no detuvieron su saliva ... Por eso se desenfrenaron [de la restricción] delante de mi rostro. A la mano derecha se levantó el populacho; empujaron mis pies, y prepararon contra mí caminos de perdición [como un ejército que avanza]" (Job 30:8-12). Padre, rescátanos como lo hiciste con Job, y restaura la moderación y la piedad en nuestro país.

Señor, tu Palabra ha identificado claramente la razón por la que nuestra nación está cayendo en la impiedad y la inmoralidad. Tú nos dices diáfanamente: "Donde no hay revelación ('no hay visión [no hay revelación redentora de Dios])', el pueblo se desenfrena" (Proverbios 29:18). Esta nación ha abandonado las restricciones de tu Palabra por sus propios planes liberales e impíos. Ten piedad de esta tierra, Señor, y restablécenos en tus leyes.

Padre, tu Palabra nos dice lo que sucedió cuando tu pueblo Israel abandonó tus caminos: "Dios acusa a toda la población: Nadie es fiel. Nadie ama. Nadie sabe nada acerca de Dios. ¡Todas estas maldiciones, mentiras y matanzas, robos y sexo desenfrenado, anarquía pura, asesinatos constantes! Y a causa de todo esto, la misma tierra llora y todo en ella está afligido" (Oseas 4:1-3, traducción libre de Biblia El Mensaje). *Y dijiste a los sacerdotes y profetas: "Pero no busquen a quien culpar. ¡Ni señalen con el dedo!... Porque ustedes le han dado la espalda al conocimiento, yo les he dado la espalda a ustedes, sacerdotes. Porque se niegan a reconocer la revelación de Dios, ya no reconozco a sus hijos"* (vv. 4-10, traducción libre de Biblia El Mensaje). *Esto parece que se le dijera a cualquier nación de hoy, Padre. Perdónanos por rechazar tu revelación, redime a tu iglesia para que podamos guiar a esta nación a la justicia.*

ORACIONES Y DECLARACIONES PARA ROMPER EL PODER DE BELIAL

Maldigo el espíritu de Belial y destruyo lo que halla de él en mi vida. Ayúdame a proteger los muros espirituales protectores alrededor de mi corazón para que no me dirija al mal. (Ver 2 Samuel 20.)

Padre, conviérteme en centinela del muro para protegerme contra el espíritu inútil de Belial que intenta desviarme junto con aquellos que conozco y amo.

Padre, ayúdame a reconocer el poder de Belial y armarme con la espada de tu Espíritu para luchar contra esa potestad maligna. No se puede "arrancar como espino" ni "tomarlo con la mano". Se requiere "una arma de hierro" para destruirla y "quemarla en el lugar" (2 Samuel 23:6-7). Guárdame de intentar luchar contra el mal con mis propias fuerzas. Ármame con tu Espíritu y tu fuerza, y quema el mal de mi vida.

Cuando tu pueblo hoy se rebele contra ti y comience a servir a Belial, levanta Abías que defiendan la justicia y la piedad en medio de la apatía y la maldad. Hazme un Abías y ármame para pelear por la justicia en este país.

Rompe el poder de Belial que trata de desviar a tus siervos. Guárdalos puros, santos e irreprensibles ante Dios y ante el pueblo al que dirigen.

Señor, "me niego a ser corrupto y a participar en algo deshonesto". No permitiré que el espíritu de Belial controle mi vida, "ni seré deshonesto ni engañoso" (Salmos 101:3-4). Viviré en pureza y con honra. Escucharé solo a tu Espíritu y resistiré al espíritu de Belial para evitar que entre en mi vida.

Señor, los mentirosos inútiles que han sido atados por Belial andan engañando a otros (Proverbios 6:12). No seré uno de ellos. Hablaré solo tu verdad y buscaré guiar a otros por el camino de la rectitud.

No temeré a Belial, aun cuando sus planes parezcan demasiado fuertes para vencerlos (Nahúm 1:11). Derrotaré el mal a través de tu poder y en la fuerza de tu Espíritu.

Me encomiendo a ti, Señor. Te recibo como mi Padre. No tocaré la inmunda maldad de Belial. Viviré solo para ti todos los días de mi vida.

Capítulo 29

MANTÉN TU LIBERACIÓN

Los que son de Cristo Jesús han crucificado la naturaleza
pecaminosa, con sus pasiones y deseos.
—GÁLATAS 5:24

L<small>A LIBERACIÓN ES</small> una de las bendiciones que brinda el pacto con Dios. Solo destruye lo que es del diablo; nunca lo que se relaciona con el Espíritu Santo. Dado que la liberación es obra del Espíritu Santo, capacita a los santos y a la iglesia. Derriba las fortalezas del enemigo, pero edifica la obra de Dios. La liberación te fortalecerá y te preparará para una mayor manifestación del poder de Dios. Una vez que experimentes la liberación, el siguiente paso es continuar viviendo desde la posición libre que acabas de adquirir.

La clave para mantener tu liberación es lo mismo que se necesita para convertirse en un creyente fuerte. Debes estudiar la Palabra, asistir a una buena iglesia, someterte a la autoridad espiritual adecuada, pasar tiempo en la presencia de Dios y desarrollar un estilo de vida de oración y ayuno. Esas son disciplinas importantes solo para crecer como creyente, pero son fundamentales para ayudarte a mantener la liberación porque los demonios odian esas actividades. Son como un antiséptico espiritual para el enemigo.

También es importante tener en cuenta de qué has sido liberado. Esa es el área en la que eres más débil y ahí es donde el enemigo intentará restablecerse. Él siempre trata de aprovecharse de nuestras debilidades. Por eso, necesitas proteger y resguardar las áreas que constituyan una debilidad en tu vida.

Si tu debilidad era la lujuria y la perversión, entonces debes tener cuidado con lo que ves. Tendrás que alejarte de ciertas relaciones porque el enemigo intentará restablecerse en ese espacio de tu ser. Si fuiste rechazado, debes desarrollar una identidad propia que esté arraigada en Cristo. Si tienes el corazón roto, tienes que caminar en el perdón.

Algunas personas piensan que la liberación es la solución a todos los problemas, pero ella sola no reemplaza un estilo de vida cristiano disciplinado. El estilo de vida indisciplinado te llevará de nuevo a la esclavitud. No hay liberación duradera y libertad sin disciplina.

Proverbios 25:28 dice: "Como ciudad sin defensa y sin murallas es quien no sabe dominarse". Las ciudades sin muros estaban expuestas al ataque de las fuerzas externas. Asimismo, la persona sin dominio propio está expuesta a los demonios. Para mantener tu liberación, necesitas tener dominio propio en tu pensamiento (Filipenses 4:8), en tu apetito (Proverbios 23:2), en tu expresión (Proverbios 25:28), en tu carácter sexual (1 Corintios 9:27), en tus emociones (Proverbios 15:13) y en tu temperamento (Eclesiastés 7:9): Así es como obtienes y conservas el dominio propio, manteniendo tu libertad de la esclavitud:

- Lee la Palabra de Dios diariamente.
- Encuentra un grupo de personas que crean en la Biblia, preferiblemente una iglesia, y reúnete periódicamente con ellas para adorar, estudiar y ministrar.
- Ora con el entendimiento y en lenguas.
- Coloca la sangre de Jesús sobre tu familia y sobre ti.
- Determina lo más que puedas qué espíritus han sido expulsados de ti. Haz una lista de esas áreas que Satanás intentará recuperar.
- Disciplina tus pensamientos para evitar que los demonios vuelvan a entrar. Debes someter tu imaginación y llevar todo pensamiento a la obediencia a Cristo (2 Corintios 10:5).
- Ora al Padre con fervor, pidiéndole que te mantenga alerta y vigilante contra los malos pensamientos (1 Pedro 5:8-9).

- Está consciente de que los demonios tratan de acercarse a ti con los viejos patrones de pensamiento para volver a dominarte. Tan pronto como eso suceda, repréndelos de inmediato. Indícales verbalmente que los rechazas.

- Tienes autoridad para ordenar a los ángeles del Señor que combatan a los demonios (Hebreos 1:14; Mateo 18:18). Átalos y suelta sobre ellos espíritus de destrucción (1 Crónicas 21:12), fuego y juicio (Isaías 4:4) de parte del Señor Jesucristo. Envía ángeles guerreros a derrotar a los demonios.

MEDITA EN LA PALABRA PARA
MANTENERTE LIBRE DE ATADURAS

Cuando eres rescatado a través de la liberación, tu espíritu se vivifica en las cosas de Dios. Meditar en su Palabra evita que vuelvas a caer en la oscuridad y la opresión que te separan de Dios. Meditar en la Palabra te mantiene como rama o pámpano de la vid, una posición de fecundidad y vida.

Cuando meditas en la Palabra y la repasas se arraiga a tu ser. Agarras una escritura, la pronuncias, piensas en ella y luego haces lo mismo otra vez. Esta es la forma bíblica de introducir la Palabra en tu sistema y recibir revelación y entendimiento. Meditar significica ponderar, repasar, pensar en voz alta, considerar continuamente y pronunciar algo una y otra vez. Esto es exactamente lo que necesitamos hacer con la Palabra de Dios.

Cuando meditas en la Palabra, constantemente mantienes ante ti la imagen y el carácter de Dios. Eso da vida a tu cuerpo mortal (Romanos 8:11) y te mantiene en un constante estado fortalecedor y vivificador en Cristo. Al contemplar la gloria de Dios, vamos de gloria en gloria y de fe en fe (2 Corintios 3:18). Al meditar en la Palabra de Dios, somos transformados al punto que somos inmunes a las trampas del enemigo.

Declaraciones para meditar

Reflexionaré en toda la creación del Señor y hablaré de sus obras (Salmos 77:12).

Meditaré en los preceptos del Señor y contemplaré sus caminos (Salmos 119:15).

Mis ojos despiertan durante las vigilias de la noche para meditar en la Palabra del Señor (Salmos 119:148).

Recuerdo los días de antaño; considero todas tus obras; medito en las obras de tus manos (Salmos 143:5).

Medito en esas cosas, me entrego enteramente a ellas para que mi provecho sea visible a todos (1 Timoteo 4:15).

Amo la ley del Señor; es mi meditación todo el día (Salmos 119:97).

La ley del Señor es mi delicia, y en su ley medito de día y de noche (Salmos 1:2).

Entenderé el camino y los preceptos del Señor, para meditar en sus obras maravillosas (Salmos 119:27).

Alzaré mis manos a los mandamientos del Señor, que amo, y meditaré en sus estatutos (Salmos 119:48).

Se escribirá un libro de memorias para mí, que temo al Señor y medito en su nombre (Malaquías 3:16).

Meditaré en el Libro de la ley de día y de noche (Josué 1:8).

Apéndice

CLAVES PARA MINISTRAR LIBERACIÓN

Cómo empezar:

1. Sostén una breve conversación sobre el motivo por el cual la persona necesita que se le ministre.
2. Comienza con una oración general y adoración. Concéntrate en Dios y su bondad, su poder, etc.
3. Ata los poderes circundantes y destruye la operación de los poderes demoniacos en el aire que afligen a la persona. Pide la protección angelical (Hebreos 1:14).
4. Pide y recibe por fe los dones del Espíritu necesarios para ministrar.

Determina quién dirige la sesión de liberación:

• Demasiadas personas tratando con diversos espíritus al mismo tiempo causan confusión a todos los presentes, especialmente a la persona a la que se le ministra.
• El liderazgo ha de cambiar, a menudo, según lo dirija el Espíritu Santo.
• Los esposos suelen ser los más efectivos para ordenar a los espíritus que dejen a sus esposas, con el apoyo de los demás.

Cómo ordenar a los demonios que abandonen a la persona:

1. Dirígete al espíritu por su nombre y, si no lo sabes, por lo que hace. Sabrás el nombre o la función que hace el demonio a través del discernimiento del Espíritu Santo o cuando el demonio te lo diga. También puedes preguntarle el nombre como lo hacía Jesús cuando echaba fuera demonios (Lucas 8:30).

2. Recuérdales repetidamente a esos espíritus que tu autoridad te es dada por Jesucristo, que está muy por encima de todo principado y autoridad (Efesios 1:21).

3. Recuérdales a los espíritus su destino, de acuerdo a Apocalipsis 20:10 y Job 30:3-8. Declara la siguiente frase "El Señor Jesucristo te reprenda" como ariete.

4. Es útil acosar a los demonios para que confiesen que Jesucristo es su Señor.

5. Los demonios gobernantes a menudo se pueden obligar para obtener más información. Molestas a los espíritus malignos al ordenarles que den información vital para la liberación. Es como si interrogaras a unos prisioneros enemigos.

6. Ordena al demonio principal que se vaya y luego termina con los demonios menores en jerarquía. Si eso no funciona, invierte las tácticas. Comienza con el demonio menor y avanza hacia el mayor. Simplemente puedes decir: "Ordeno a todos los espíritus que operan bajo el gobernante que salgan en el nombre de Jesús".

7. Ata y separa los espíritus que interfieren según te instruya el Señor.

8. No hay necesidad de gritarles a los demonios puesto que la batalla no es en la carne sino en el espíritu.

9. Usa la frase "¡Sal fuera!".

10. Cierra todas las puertas abiertas a través de las cuales el enemigo podría regresar con otros siete malignos más (Mateo 12:43-45), y ruega que la persona sea llena del Espíritu Santo a fin de sellar su liberación. Concluye orando para que los ángeles protejan y guarden a la persona, y cubran a todos los presentes con la sangre de Cristo.

NOTAS

Capítulo 5

1. Win Worley, *Rooting Out Rejection and Hidden Bitterness* (WRW Publications, 1991), visto en "Reversing the Rejection Syndrome," Hegewisch Baptist Church, consultado el 31 de enero de 2021, http://hbcdelivers.org. Usado con permiso de WRW Publications.

Capítulo 14

1. Derek Prince, "The Seeking of Control," Derek Prince Ministries, consultado el 1 de abril de 2021, www.derekprince.org.

2. Win Worley, *Battling the Hosts of Hell* (H.B.C. Publications).

JOHN ECKHARDT

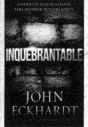

JOHN ECKHARDT

CASA CREACIÓN

Para vivir la Palabra

/casacreacion
www.casacreacion.com

Te invitamos a que visites nuestra página web, donde podrás apreciar la pasión por la publicación de libros y Biblias:

www.casacreacion.com

Para vivir la Palabra